Er war mein Urgroßvater

Christiane Scholler

Er war mein Urgroßvater

Anita Hohenberg über Thronfolger Erzherzog Franz Ferdinand

styria premium

Impressum

ISBN 978-3-222-13429-6

styria books

Lizenzausgabe 2013 by Styria premium in der Verlagsgruppe Styria
GmbH & Co KG, Wien · Graz · Klagenfurt

Bücher aus der Verlagsgruppe Styria
gibt es in jeder Buchhandlung und im Online-Shop

styriabooks.at

Herausgeberin: Anita Hohenberg, Schloss Artstetten
Text: Christiane Scholler
Redaktion: Brigitte E. Leidwein
Covergestaltung: Maria Schuster
Coverfotos: Porträt des Thronfolgers Franz Ferdinand, Erzherzog von Österreich- Este
(ÖNB-Bildarchiv / picturedesk.com) und Christine de Grancy
Buchgestaltung: Büro Hamtil, Wien
Abbildungen und Fotos im Buch: Archiv von Schloss Artstetten
(mit Ausnahme der Seiten 151, 152 und 153: Christiane Scholler)

Druck und Bindung: Druckerei Theiss GmbH, A-St. Stefan im Lavanttal
7 6 5 4 3 2 1

Inhalt

Ein Vorwort ...

... ist nur interessant, wenn es die Leserschaft kurz und prägnant zum Kern der Sache – hier also zum Zweck des Buches – führt.

Im vorliegenden Fall ist das ganz einfach: Anita Hohenberg will ihrem Urgroßvater, Erzherzog Franz Ferdinand von Österreich-Este, ein lebendiges Andenken bewahren.

Es war und ist mir eine Freude und besondere Ehre, im Sinne der Familie Hohenberg eine zeitgerechte Interpretation der zum Teil überraschenden Informationen zu liefern.

In langen und interessanten Kamin-Gesprächen hat die Urenkelin des Thronfolgers ein sehr persönliches und komplexes Bild des Erzherzogs wiedergegeben, das so in keinem Geschichtsbuch vorkommt.

Auch deshalb wird es Ihnen sicherlich Freude bereiten, anhand der folgenden Seiten eine bekannte Persönlichkeit plötzlich mit anderen Augen betrachten zu können.

Mein Dank gilt deshalb in erster Linie der Schlossherrin Anita Hohenberg, die ich im Rahmen dieser Zusammenarbeit kennen- und schätzen lernen durfte: eine Frau mit unverkennbarer Herkunft, gleichzeitig aber mit beiden Beinen im Leben stehend. Als Mutter von vier Kindern nicht nur von spürbarer Begeisterung für die Familie geprägt, sondern auch zukunftsorientiert und kostenbewusst die Geschicke von Artstetten lenkend. Kein Wunder, ist man versucht zu denken. In dieser Familie haben die Frauen schon immer gewusst, worauf es ankommt ...

Bei den vielen mühsamen Schritten, die dieses Buch zur Vollendung führen konnten – Recherche, Nachprüfung der Fakten, Archivarbeit, Bildauswahl, Begehungen und Nachforschungen vor Ort, Ergänzungen um wichtige Details –, war die Ausstellungskuratorin vor Ort und wohl auch „rechte Hand von Anita Hohenberg“, Frau Brigitte E. Leidwein, die unermüdliche, unersetzbare und stets gut gelaunte Unterstützung. Ohne sie und ihr detailgetreues Wissen um das Schicksal der Familie Hohenberg hätte dieses Buch so nicht entstehen können. An dieser Stelle daher an sie ein von Herzen kommendes Danke!

Wie heißt es so schön? Im Wissen um die Vergangenheit können wir uns getrost der Zukunft stellen. Allen Leserinnen und Lesern darf ich daher nun viel Freude bei der Lektüre und bei der Entdeckung des „anderen“ Thronfolgers wünschen.

CHRISTIANE SCHOLLER

Willkommen im Schloss!

Liebe Leserin, lieber Leser,

Sie sind im Begriff, mit mir eine Zeitreise zu beginnen. Nicht im herkömmlichen Sinne, wie wir dies aus den Geschichtsbüchern unserer Schulzeit gewohnt sind. Und mit Sicherheit auch in etwas anderer Form, als Sie nun vielleicht erwarten würden, wenn es darum geht, Ihr Wissen um Erzherzog Franz Ferdinands Leben ein wenig zu erweitern.

Im Zeitalter von Internet, Wikipedia, Smartphones und Tablet-PCs haben Sie heute jede gewünschte Information in Sekundenschnelle per Mausklick zur Verfügung. Genau das ist aber der Haken dabei: Alleine beim Suchbegriff „Thronfolger Franz Ferdinand" stoßen Sie bei der Suchmaschine Google auf über 50.000 Eintragungen. Das „Attentat von Sarajevo" ergibt rund 250.000 Treffer, die Suche nach dem Schloss Artstetten bringt an die 125.000 Ergebnisse. Was also tun mit einer Fülle von Informationen, wenn Sie ein Thema zwar interessiert, Sie aber in möglichst kurzer Zeit über das Wichtigste ganz gezielt informiert werden wollen?

Je persönlicher, desto besser, lautet mein Motto. Deshalb bekommen Sie mit diesem Buch eine Geschichtslektüre der anderen Art in die Hand. Einen Reiseführer in die glanzvolle Zeit um die vorletzte Jahrhundertwende, aber mit den Augen eines Familienmitgliedes betrachtet. Eine Anleitung zum Miterleben und Mitfühlen, denn die folgeschweren Ereignisse nach der Ermordung des Thronfolgers, meines Urgroßvaters, im Juni 1914 haben nicht nur im Großen die

Neuordnung Europas heraufbeschworen, sondern auch im Kleinen das Schicksal der zurückgelassenen Kinder und deren Nachfolger nachhaltig beeinflusst.

Als Urenkelin Franz Ferdinands fühle ich mich dazu berufen, das Andenken an diesen ungewöhnlichen Mann und seine Familie nicht nur zu bewahren, sondern lebendig vor Augen zu führen. Vielleicht kommen Sie auch einmal ins Schloss Artstetten: Dann wird der Besuch des Hauses für Sie bestimmt mehr als ein bloßer Rundgang durch schöne Räume mit alten Bildern und liebevoll zusammengestellten Exponaten. Schon der erste Blick auf das markante Gebäude in herrlicher Lage nahe der Donau, mit seinen charakteristischen Zwiebeltürmen und dem historischen Schlosspark, lässt uns gedanklich noch einmal die längst vergangene Geschichte Revue passieren.

Beginnend mit einem fiktiven Brief an meinen Urgroßvater, Erzherzog Franz Ferdinand von Österreich-Este, möchte ich mich nun gemeinsam mit Ihnen auf die Spurensuche in die Vergangenheit begeben – um Familienhistorie, Schlossgeschichte und kleine Geheimnisse mit Ihnen persönlich zu teilen. Darauf freut sich

ANITA HOHENBERG

Erzherzog Franz Ferdinand, 30-jährig und bereits General der Kavallerie

Lieber Urgroßvater Franz Ferdinand,

ich durfte Dich niemals kennenlernen, und dennoch bist Du mir im Laufe der Jahre so vertraut geworden, als hätten wir bereits viel Zeit miteinander verbracht. Was ich über Dich weiß, ergibt ein Bild von einem Mann, der sehr gut auch in der heutigen Zeit gelebt haben könnte.

Vorausplaner und Querdenker, konsequenter Stratege und unbeugsamer Charakter: Du warst zur falschen Zeit am falschen Ort. Nicht nur betreffend Sarajevo, sondern auch in Bezug auf das Jahrhundert, in dem Du gelebt hast.

Dein tragisches Schicksal bedeutete zugleich das Ende einer glanzvollen Ära, den Anfang einer neuen Zeit, in der Du Dich aber bestimmt ohne Probleme zurechtgefunden hättest.

Mit jedem Bild von Dir und Deiner Familie, das ich in unserem Schloss betrachte, fallen mir unendlich viele wahre Geschichten ein, die ein beredtes Zeugnis geben …

… zum Beispiel vom „verhinderten Herrscher", der mit Offenheit gegenüber modernen Errungenschaften, gleichzeitig aber auch mit dem der damaligen Zeit entsprechenden monarchischen Sendungsbewusstsein zu verstehen war. Deine menschlich herausragendste Eigenschaft war die Liebe zur Familie, zu Deiner Sophie und zu den Kindern. Zu Hause warst Du ungezwungen und fröhlich, in klarem Gegensatz zu Deinem bekannten Auftreten als zeitweise schroffer, direkter und eher herrisch wirkender Mann.

Wie war es denn nun wirklich, Dein Leben? Auf den ersten Blick ein paar spontane Gedanken.

Die unbeschwerte Kindheit ist zum Glück unbestritten. Die vom Einfluss des Kaiserhauses geprägte Jugend, die schwere Erkrankung und fast einjährige Weltreise, Deine geheimnisvolle Verbindung zu Sophie und der Kampf um Eure Liebe, die Hochzeit und das glückliche Familienleben sind legendär. Trotz zahlreicher offizieller Verpflichtungen konntest Du mit Deiner großen Sammelfreude zahllose Kulturgüter retten und durch Deine Jagdleidenschaft sogar den besten Schützen Indiens im Wettschießen besiegen. Ein gutes Gefühl für Raumplanung und ein modernes Gespür für Technik, aber auch die bewusste Förderung und Modernisierung der Marine oder Deine der damaligen Zeit weit vorausgehenden politischen Ideen ergeben das Bild eines außergewöhnlichen Menschen.

Immer in Bewegung sein, niemals die Hände in den Schoß legen – das war ein selbstverständliches Lebensmotto. Offen sein für Neues, aber Bewährtes erhalten. Konservativ bleiben, wo es Erziehung, Religion und Anstand erfordern – aber gleichzeitig Unbekanntes erforschen, Unbequemes wagen, Unpopuläres durchsetzen. Das könnte auch das Bild eines modernen Managers sein! Und genau das ist es auch, was Deine Faszination noch heute ausmacht. Du wirst nie vergessen sein, aber nicht nur wegen der Schüsse in Sarajevo. Du hast vorgelebt, dass man zu seinen Ideen und Vorstellungen stehen muss. Dass es sich auszahlt, für das zu kämpfen, was einem im Leben wirklich wichtig ist. Und dass der bequemste Weg nicht immer jener ist, der uns zum Ziel führt.

In diesem Sinne lasse ich Dich jetzt sozusagen zu Wort kommen und vor unserem geistigen Auge nochmals Gestalt annehmen. Die zahlreichen Briefe, Aufzeichnungen, Urkunden und authentischen Berichte aus Deiner Zeit – und auch von Dir selbst – erlauben mir, als Deine Urenkelin, eine sehr genaue Vorstellung davon, was Dir wohl durch den Kopf gegangen sein mag. Zum Beispiel an jenem verhängnisvollen Sommertag im Juni 1914 …

Das Attentat

»Wir haben bereits 14 Minuten Verspätung, und ich beginne langsam, ungeduldig zu werden ... Wozu haben wir einen Hof-Sonderzug, wenn wir den Zeitplan ohnedies nicht einhalten können? Wir hätten Bad Ilidza ohne Weiteres pünktlich verlassen können. Dort vorne ist endlich unser Ziel. 10.07 Uhr, wir sind vor der Kaserne. Ich sehe, unsere Wagen warten bereits. Das Umsteigen wird also hoffentlich rasch vonstatten gehen.«

So oder so ähnlich könnten die Gedanken meines Urgroßvaters, des Erzherzogs Franz Ferdinand von Österreich-Este, gewesen sein. Er ahnt zu diesem Zeitpunkt am 28. Juni 1914 nicht, dass die letzten Minuten seines Lebens bevorstehen. Er beginnt sie, indem er jenes Fahrzeug im Wagenkonvoi besteigt, das ihn in den Tod führen wird.

Sehen Sie sich den berühmten Oldtimer genau an. Im überdachten Innenhof unseres Schlosses Artstetten steht eine maßstabgetreue Nachbildung des Todesfahrzeuges. Für damalige Verhältnisse ein tolles Gefährt: elegant, schwarz gepolsterte Ledersitze, Cabriolet, 3,5 Liter Hubraum und 32 Leistungs-PS; zwei Sitzreihen (die zweite allerdings besteht nur aus Klappsitzen) hinter dem Fahrer, Reservereifen seitlich an der Fahrertüre – ein Gräf & Stift mit dem Kennzeichen A III 118, der sich damals im Privatbesitz von Graf Franz Harrach befand. Das Originalfahrzeug steht im Heeresgeschichtlichen Museum in Wien.

Und nun gehen Sie von rechts seitlich auf den Wagen zu. So, als wollten Sie die Türe öffnen und einsteigen. Etwa eineinhalb Meter

davor bleiben Sie stehen. Blicken Sie auf die gepolsterte Rückbank und stellen Sie sich vor: Dort sitzt Franz Ferdinand, der Thronfolger, und rechts neben ihm seine über alles geliebte Sophie. Und nun versuchen Sie sich vorzustellen, dass draußen, direkt neben Ihnen, der Attentäter seine Hand mit der Pistole hebt …

Die knappe Stunde davor muss für Franz Ferdinand eine Mischung aus Routine und Aufregung gewesen sein. Sehr wahrscheinlich hat er zunächst ein erleichtertes Resümee gezogen, dass die absolvierten Manöver-Besuche in den Tagen zuvor trotz einiger heftiger Wetter-Kapriolen gut abgelaufen waren und nun das Ende der Bosnien-Reise nahte. Zufrieden mit der seit 26. Juni laufenden Heerschau, an der 22.000 Soldaten verschiedenster Nationalitäten teilgenommen hatten, sollte auch Kaiser Franz Joseph sein, in dessen Auftrag mein Urgroßvater die Truppen inspizierte. Franz Ferdinands Telegramm vom 27. Juni 1914 an seine Majestät in Bad Ischl war entsprechend positiv:

Oben: Juni 1914: Der sichtlich mit dem Manöververlauf zufriedene Erzherzog Franz Ferdinand zeigt sich leutselig.

Unten: Franz Ferdinand im Gespräch mit einem Offizier

»Der Zustand der Truppen, ihre Ausbildung sowie ihre Leistungen waren ganz vorzüglich und über alles Lob erhaben [...] beinahe keine Maroden, alles frisch und munter. Morgen besuche ich Sarajevo und reise abends ab. In tiefster Ergebenheit mich zu Füßen legend Euer Majestät untertänigster Franz.«

Das klingt zufrieden und mit sich und der Welt im Reinen. Die Manöver sind wie erhofft zu einer Art großer Heerschau des Habsburgerreiches geworden. Der Zweck der Bosnien-Reise ist also erfüllt. Da würde an sich nichts gegen eine sofortige Abreise Richtung Heimat sprechen. Doch das offizielle Programm sieht noch eine Stadtrundfahrt und ein Abschiedsessen vor. Gut gelaunt schickt der Thronfolger also am Morgen jenes verhängnisvollen 28. Juni an das älteste seiner drei Kinder, Tochter Sophie, ein kurzes Telegramm: »Befinden von mir und Mami sehr gut. Wetter warm und schön. Wir hatten gestern großes Diner und heute Vormittag den großen Empfang in Sarajevo. Nachmittags wieder großes Diner und dann Abreise auf der Viribus Unitis. Umarme Euch innigst. Dienstag. Papi.« (*Viribus unitis,* lateinisch für »Mit vereinten Kräften«, ist der Name eines Schiffes.)

Nicht ganz so entspannt waren jene Berater meines Urgroßvaters, die noch kurz vor dem Sarajevo-Besuch ausdrücklich davor warnten. Conrad von Hötzendorf zum Beispiel, der österreichische Generalstabchef, verabschiedete sich mit den Herren in seiner Begleitung gleich nach dem Nachmittags-Diner im Hotel Bosna am 27. Juni. Er wurde zur Garnison-Inspektion in Karlovac erwartet. Das war ein guter Anlass für den Vorschlag einiger Begleiter Franz Ferdinands, sich Hötzendorf anzuschließen und ebenfalls sofort abzureisen. Was sprach schon dagegen?

Der Thronfolger beobachtet mit Generalmajor Dr. Carl Bardolff (Chef der Militärkanzlei) den Verlauf des Manövers.

Leider vor allem Feldzeugmeister Oskar Potiorek, Landeschef von Bosnien und der Herzegowina. Er hatte die gesamte Visite organisiert, und ihn wollte der Erzherzog nicht vor den Kopf stoßen. Oberstleutnant von Merizzi, der Adjutant Potioreks, sprach es offen aus: Eine Absage würde seinen Chef bestimmt kränken. Und sogar Sophie meinte, an den Präsidenten des bosnischen Landtages, Josip Sunaric, gewandt: »Lieber Sunaric […] wir sind überall im Lande, auch ausnahmslos von der serbischen Bevölkerung, so freundlich begrüßt worden und mit einer Herzlichkeit und ungeheuchelten Wärme, dass wir ganz glücklich darüber sind.« Bedeutungsschwer daraufhin Sunarics Antwort: »Hoheit, ich bitte Gott, dass, wenn ich morgen Abend die Ehre habe, Sie zu sehen, Sie mir dieselben Worte wiederholen können. Mir wird dann ein Stein vom Herzen gefallen sein, ein großer Stein!«

Vieles sprach dafür, vorzeitig die Heimreise anzutreten und froh zu sein, dass die Bosnien-Visite bis dato ohne Zwischenfälle über die Bühne gegangen war. Zum Beispiel die Tatsache, dass Attentate auf dem Balkan zur damaligen Zeit keine Seltenheit waren. Bereits in den Jahren zuvor waren österreichische Würdenträger des Öfteren mit Bomben attackiert worden. Stets stammten die Attentäter aus Bosnien. Sie waren dort zur Schule gegangen, emigrierten in das Kö-

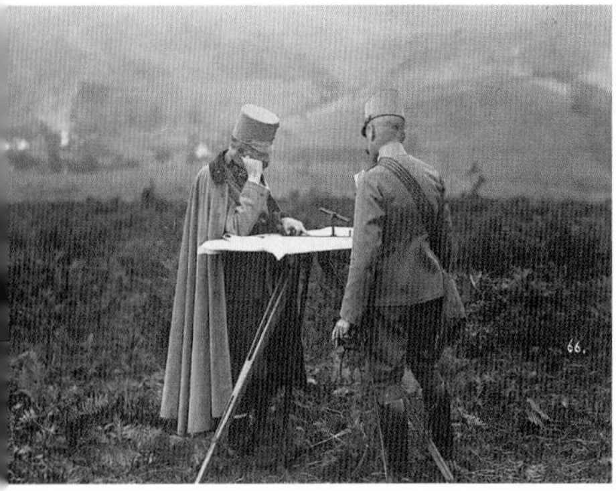

Der Erzherzog und
Dr. Carl Bardolff

nigreich Serbien und traten in Belgrad der »Schwarzen Hand« bei, einer radikalen Geheimgesellschaft, die systematisch Hass auf alles Österreichisch-Ungarische schürte. Geleitet wurde sie von einem fanatischen Oberst namens Dragutin Dimitrijevic, bei seinen Anhängern unter dem Codenamen »Apis« bekannt (in Anspielung auf den ägyptischen Apis-Stierkult). Er machte aus jungen Männern nationalistisch verhetzte Spione und fanatische Attentats-Süchtige. Ihre Tätigkeit hatte nur ein Ziel: die Vereinigung aller Südslawen zu einem großserbischen Reich. Der künftige Herrscher Franz Ferdinand jedoch wäre solchen Plänen mit Sicherheit im Wege gestanden. Im Thronfolger sah der nationale Fanatiker »Apis« deshalb einen deklarierten Feind des Serbentums. So wie er dachten viele Serben.

Dazu kam die unglückselige Auswahl des Datums: Der 28. Juni war der *Vidovdan,* der Nationalgedenktag aller Serben. Am 28. Juni 1389 hatten die Serben durch die Niederlage gegen die Türken in der Schlacht auf dem Amselfeld ihre Freiheit für Jahrhunderte verloren. Ausgerechnet diesen Tag für den Sarajevo-Besuch auszuwählen, zeugt von der geringen Menschenkenntnis und wohl auch diplomatischen Unfähigkeit des Organisators Potiorek. Dies im Zusammenhang mit der Tatsache, dass sich zum Schutz des hohen Besuches kein Militär in Sarajevo befinden konnte, da die Soldaten ja samt und sonders für die Truppenübungen außerhalb der Stadt zusammengezogen waren. Zu guter Letzt war mein Urgroßvater auch noch bekannt für die Abneigung gegen Sicherheitsvorkehrungen, die seine Person betrafen. Legendär ein Ausspruch, den er an den Leiter seiner Militärkanzlei, Oberst Bardolff, gerichtet hatte: »Ihre Warnung ist gewiss berechtigt, aber unter einen Glassturz lasse ich mich nicht stellen. In Lebensgefahr sind wir immer. Man muss nur auf Gott vertrauen.«

Meine Urgroßeltern machen sich also auf den Weg. Auf dem Plan stehen Stadtrundfahrt, kurze Behörden-Besuche, Abschieds-Diner am frühen Nachmittag, und dann ist auch schon das Ende des Sarajevo-Besuches in Sicht. Sophie freut sich auf die Heimreise, vor allem auf die drei Kinder. Noch wenige Augenblicke vor dem Attentat sit-

Ankunft in Sarajevo

zen Sophie und Franz Ferdinand relativ entspannt – er links in Generalsuniform, sie rechts im weißen Seidenkleid, lächelnd, mit Sonnenschirm – hinter dem Organisator des Besuchs, jenem Feldzeugmeister Potiorek, sowie dem stolzen Autobesitzer Graf Harrach. Vor ihnen Harrachs Chauffeur Leopold Loyka, neben diesem der Leibbüchsenspanner des Erzherzogs. Alle Insassen sind erstaunlich gefasst – obwohl bereits kurz vor dieser Aufnahme eine adaptierte Handgranate gegen den Fahrzeugkonvoi geschleudert worden war. Ein misslungener erster Attentatsversuch!

Wenn heutzutage eine Granate oder gar Bombe in zivilem Umfeld explodiert, ist Feuer am Dach. Alarmstufe Rot, Zivilbevölkerung von den Straßen, Polizei, Feuerwehr, Zivilschutz, Entschärfungsdienst: Wer und was auch immer im Katastrophenfall organisiert werden kann, wird mobilisiert. Das Szenario von Sarajevo ist bei einem heutigen Staatsbesuch schwer vorstellbar. Moderne Sicherheitsvorkehrungen machen derlei Vorkommnisse fast unmöglich. Aber nur fast, man denke zum Beispiel an die niederländische Königin Beatrix und ihre Familie, die am 30. April 2009 bei der Parade zum Königinnentag in Apeldoorn knapp einem Mordanschlag entgingen. Ein Amokfahrer raste durch die jubelnde Menschenmenge auf den Bus der Monarchin zu und tötete dabei fünf Menschen. Er hat später angegeben, dass sein Ziel die königliche Familie gewesen sei.

Herzogin Sophie von Hohenberg wartet auf die Weiterfahrt mit dem Auto

Spätestens jetzt also, nach dem Detonieren der Handgranate unter einem der Fahrzeuge des Ehrenkonvois in Sarajevo, hätte jedermann klar sein müssen, dass »etwas im Busch« ist. Wenn es so weit kommen kann, dass bereits bei der Cumurija-Brücke, kurz nach 10.00 Uhr, ungehindert eine Art Bombe gegen den Konvoi geschleudert werden kann – wie steht es dann um die Sicherheit des Thronfolgers und seiner Frau?

Für diesen ersten Täter, den Schriftsetzer Nedeljko Čabrinović, war es ein Leichtes gewesen, aus dem Spalier der Menge zu treten, den Zünder auszulösen und den büchsenförmigen Gegenstand gegen den Wagen des Thronfolgers zu werfen. Die Zuschauer sahen nur einen kleinen, dunklen Gegenstand durch die Luft sausen, aber offenbar dachte niemand in diesem Augenblick an ernsthafte Gefahr. Dann gab es ein paar dramatische Momente: Die Bombe rollt vom zurückgeschlagenen Verdeck des Thronfolger-Fahrzeuges rückwärts auf die Straße und explodiert unter dem dritten Wagen. Die Kolonne stoppt. Große Aufregung, Geschrei, Gestank und Pulverdampf.

Ein Splitter der Sprengkapsel hinterlässt am Hals der Herzogin einen Kratzer, Oberstleutnant Merizzi wird am Kopf schwer verletzt und blutet stark. Er wird im nahe gelegenen Ambulatorium Dr. Löffler erstversorgt und dann sofort ins Garnisonspital gebracht. Die Menschenmenge ist geschockt, es ist ein Wunder, dass es nur wenige Verletzte gibt. Das mag auch daran liegen, dass es um diese Tageszeit bereits heiß ist und viele Zuschauer sich in Gruppen in den Schatten der Bäume am Straßenrand begeben haben.

Der junge Attentäter hat seinen Plan ausgeführt und will nun offenbar Plan B verwirklichen, seinen Selbstmord. Dazu springt er nach vollbrachter Tat über die Ufermauer in die Miljacka. Das weiße Pulver, mit dem er sich, im Fluss stehend und Flusswasser trinkend, vergiften wollte, hatte er in der Aufregung allerdings zuvor verstreut. Der Selbstmordversuch misslingt daher. Er wird festgenommen und den Behörden übergeben.

Für heutige Verhältnisse unvorstellbar: Der Konvoi setzt seinen Weg fort. Keine Rede von sofortiger Evakuierung der Insassen der Fahrzeuge. Kein ernsthafter Versuch, den offiziellen Teil des Besuches zu beenden und den Thronfolger mit seiner Frau in Sicherheit zu bringen. Nein, »business as usual« ist angesagt. Es geht weiter zum Rathaus. Und das Schicksal nimmt seinen Lauf.

Auf der Fahrt zum Rathaus – kurz vor dem ersten Attentat

Im Rathaus angekommen, unterbricht Franz Ferdinand, begreiflicherweise angesichts der Vorfälle nicht mehr ganz so entspannt wie vor Antritt der Stadtrundfahrt, die Rede des Bürgermeisters, der von Liebe und Ergebenheit der Bevölkerung zum allerhöchsten Herrscherhaus schwadroniert. Und der offenbar – wieder ein offensichtliches Versagen der Kommunikation an höchster Stelle – vom Attentatsversuch gar nichts mitbekommen hat: »Was hab ich von Ihren Reden – da kommt man zu Besuch in diese Stadt und wird mit Bomben empfangen. So, jetzt fahren Sie fort.«

Der Bürgermeister versteht noch immer nicht und bringt seine Rede irgendwie zu Ende. Unter den Honoratioren der Stadt herrscht Ratlosigkeit, wie es nun weitergehen soll. Seine Sophie würde der Erzherzog gerne in Sicherheit wissen, sie soll zurück nach Ilidza oder zumindest in den Konak, den Wohnsitz des Landeschefs, wo das Mittagessen stattfinden soll. Freundlich, aber dezidiert weist sie diesen Vorschlag zurück: »Solange der Erzherzog sich heute in der Öffentlichkeit zeigt, verlasse ich ihn nicht.«

Die letzten Schritte

Franz Ferdinand will den verletzten Oberstleutnant Merizzi im Spital besuchen, bevor man dem offiziellen Programm weiter folgt, das Landesmuseum besucht und dann als Abschluss ein spätes Mittagessen einnimmt. Die Wagen starten also. Oberst Bar-

Graf Franz Harrach als »Schutzschild« für den Thronfolger

dolff gibt dem Chauffeur des ersten Wagens den Befehl, mit möglichst hoher Geschwindigkeit den Appelkai entlangzufahren, zum Garnisonspital. Nicht, wie ursprünglich geplant, durch die Franz-Joseph-Straße und durch den Stadtkern zum Konak. Und nun passiert's, das Unglück nimmt seinen Lauf. Die beiden ersten Wagen biegen bei der Lateinerbrücke zur Franz-Joseph-Straße ab – falsch! Das wäre die ursprüngliche Route gewesen! Der Erzherzog will jedoch zum Garnisonspital. Der Wagen mit meinem Urgroßvater bleibt weisungsgemäß hinter den beiden ersten Fahrzeugen.

Als Feldzeugmeister Potiorek im Wagen des Thronfolgers den Irrtum bemerkt, gibt er dem Chauffeur sofort Befehl, zu wenden, über den Appelkai weiterzufahren und erst beim Garnisonspital zu halten. Der Fahrer bremst ab und beginnt zu reversieren. Es folgen die dramatischen Sekunden jenes Augenblickes, der nicht nur ein glückliches Ehepaar plötzlich aus dem Leben reißt und drei Kinder zu Vollwaisen macht. Er löst eine Völkerschlacht aus, die 15 Millionen Menschen das Leben kostet und Österreich fast vollständig von der Landkarte verschwinden lässt.

An diesem warmen, schönen Sonntagvormittag steht der Attentäter Gavrilo Princip, mit einer Pistole bewaffnet, mitten unter den zahlreich die Straße säumenden Zuschauern. Hochrufe sind zu hören, winkende Menschen stehen in Gruppen, die meisten entlang der

Häuserfront, wo die Bäume Schatten spenden. Weit weniger Zuseher sind auf der anderen Straßenseite zu sehen, entlang des Flusses. Dort brennt die Junisonne kräftig vom Himmel. Dem Attentäter scheint das nichts auszumachen. Hier kann er sich besser vorbereiten, ungehindert in Position stellen. Er wartet – und hat leichtes Spiel. Denn es gibt nach wie vor so gut wie keine Sicherheitsvorkehrungen. Die wenigen anwesenden serbischen Polizisten, für die gesamte Stadt gerade einmal 120 an der Zahl, machen keinen sehr wachsamen Eindruck. Auch haben der Erzherzog und seine Frau noch immer keine Leibwächter dabei. Heutzutage unvorstellbar!

Die letzte Fahrt beginnt.

Das Fahrzeug mit dem Thronfolger und der Herzogin von Hohenberg muss also kurz halten. Diese Sekunden genügen. Schüsse peitschen durch die Luft. Aus nicht einmal zwei Meter Entfernung schießt der junge Bosnier zweimal und trifft fatal genau. Erst die Bauchschlagader der Fürstin, dann mit dem nächsten Schuss den Erzherzog in die Halsschlagader. Sekundenlang sitzt das Thronfol-

Das Attentat (zeitgenössische Illustration)

gerpaar noch aufrecht im Wagen. »Um Gottes Willen, was ist Dir geschehen?«, soll Sophie ihren Mann, aus dessen Hals bereits Blut quillt, noch gefragt haben. Dann sinkt sie nach vorne, ihr Körper rutscht vom Sitz, und es sieht aus, als sei sie ohnmächtig geworden. Sophie, meine Urgroßmutter, stirbt.

»Sopherl, Sopherl, stirb mir nicht, bleib für unsere Kinder«, soll mein Urgroßvater geflüstert haben. Wenn man aber die schwere Verletzung (rechte große Halsschlagader zerrissen, Schilddrüse zerfetzt, Ringknorpel der Luftröhre zertrümmert) bedenkt, war dies schwer möglich. Verzweifelt gedacht haben mag er es indessen schon …

Der Erzherzog spürt, dass das Ende gekommen ist. Graf Harrach versucht, das Vorsinken des Kopfes des Thronfolgers, aus dessen Mund ein dünner Blutstrahl spritzt, zu verhindern, er stützt ihn durch Festhalten am Rockkragen und fragt: »Leiden Eure kaiserliche Hoheit sehr?« Franz Ferdinand soll einige Male, immer leiser werdend, das Bewusstsein verlierend, geflüstert haben: »Es ist nichts.« Auch diese Worte mögen vielleicht durch Lippenbewegungen angedeutet worden sein, ein hörbares Sprechen war mit der tödlichen Verletzung kaum noch möglich.

Meine Urgroßeltern verbluten innerhalb kürzester Zeit. Obwohl der Fahrer sofort reagiert und innerhalb von zwei Minuten beim Sitz des Landeschefs eintrifft, um dort die Erstversorgung in die Wege zu leiten, kommt jede ärztliche Hilfe zu spät. Die beiden leblosen Körper werden über die Treppe in den Konak hineingetragen, wo die Ärzte um 11.00 Uhr nur noch den Tod feststellen können. Die im Protokoll nüchtern festgehaltenen Todesursachen lauten: inneres Verbluten durch Eindringen eines 9-mm-Projektils in den Unterleib – in die Bauchaorta – der Herzogin von Hohenberg; Durchschlagen der Halsschlagader und der Luftröhre des Erzherzogs Franz Ferdinand von Österreich-Este. Wenig später wird die Aufbahrung der Verstorbenen veranlasst, kurz nach 11.00 Uhr sind bereits die ersten Totenglocken aus der katholischen Kathedrale zu hören.

Kurz nach dem Attentat spielten sich tumultartige Szenen ab.

Eine Verkettung unglückseliger und zum Teil auch mysteriöser Umstände führte zum alles entscheidenden, tödlichen Zwischenfall. Es gab und gibt bis heute eine Unzahl an Mutmaßungen, warum an jenem Schicksalstag das Fahrzeug des Thronfolgers genau vor die Mündung des Attentäters geriet. Oder geraten musste?

Fast unheimlich mutet es an, wenn man Vernehmungsprotokolle der Augenzeugen liest und sich des Eindruckes nicht erwehren kann, dass der Doppelmord leicht hätte verhindert werden können. Und dass ein Attentäter am Werk war, der weder als Soldat noch als Waffennarr bezeichnet werden kann. Der jedoch eine so tödliche Präzision an den Tag legte, wie sie selbst ein geübter Scharfschütze kaum zuwege gebracht hätte.

Es gibt zahlreiche, sehr genaue Augenzeugenberichte, die sich in vielen wichtigen Details decken. Zum Beispiel bezüglich der Tatsache, dass Gavrilo Princip nicht gezielt geschossen hat. Im ersten Moment wollte er eigentlich eine Bombe werfen, die er am Gürtel befestigt hatte. Weil es aber galt, rasch zu handeln, zog der Bursche statt-

Oben: Der Bombenwerfer Nedeljko Čabrinović (+) wird von der Polizei abgeführt.

Unten: Die Mordwaffe: eine FN Browning 9mm, Modell 1910

dessen seinen Revolver, wendete (nach eigener Aussage) dabei sogar den Kopf vom Fahrzeug ab und schoss in einem Winkel von 45 Grad blindlings zweimal drauflos.

Wenn man das Originalfahrzeug im Heeresgeschichtlichen Museum in Wien genau betrachtet, bestätigt sich diese Angabe. Die Einschussöffnung ist rechts hinten, ungefähr dort, wo das Scharnier für das Verdeck verankert ist. Die Austrittsöffnung im Fahrzeug innen, in der Lederpolsterung, ist 10 cm weiter links. Die Richtung dieses Lochs bildet zum Einschuss einen Winkel von 45 Grad. Das Eisenblech der Verkleidung wurde vom Projektil in einem Ausmaß von 15 mm eingedrückt, der Schusskanal misst 10 mm im Durchmesser. Ein Loch von dieser Ausdehnung ist auch auf der Innenseite des Leders zu erkennen, an jener Stelle, an der Herzogin Sophie tödlich getroffen wurde.

Und dann? Bekannterweise gibt es einen Rückstoß, wenn ein Revolver beim Schuss mit nur einer Hand gehalten wird. Dieser Rückstoß reißt den Lauf der Waffe nach oben. Wenn in diesem Augenblick also noch einmal geschossen wird, muss das zweite Projektil zwangsläufig um einiges höher treffen als das erste. Genau so muss es gewesen sein. Der klein gewachsene Princip schießt nun also »hinauf« und trifft durch diesen weiteren tödlichen Zufall genau die Halsschlagader des Thronfolgers. Selbst mit modernen Waffen und Scharfschützen-Ausbildung wäre es heute fast unmöglich, in drei Sekunden eine solche Tat mit derart tödlicher Präzision auszuführen.

Wenn ich nun also versuche, die letzten Stunden im Leben meiner Vorfahren nachzuvollziehen, so komme ich nicht umhin, festzustellen: Urgroßvater, Du hättest abreisen, auf Deine Berater hören und Dein Pflichtbewusstsein einmal vergessen sollen. Aber Deine Haltung ist wohl dem damaligen Sendungsbewusstsein entsprungen. So etwas wie einen Rückzieher machen, das hat nie Deiner Art entsprochen. Todesbereitschaft, Wagemut und Opferbereitschaft waren für einen Mann wie Dich, mit Deiner militärischen Erziehung und im Zusammenhang mit dem damaligen Zeitgeist, wohl selbstverständlich. Du hättest noch ein langes und erfülltes Leben vor Dir gehabt. Und der Lauf der Weltgeschichte hätte sich entscheidend anders entwickelt.

Gavrilo Princip, Mörder des Thronfolgers und von Herzogin Sophie – ein 18-jähriger Maturant

Die aufgebahrten Särge in der Gruft von Artstetten (dazwischen der Sarg des 1908 tot geborenen Sohnes)

Ein Exemplar 4 Heller.
15. Jahrgang. Nr. 5204.

Illustrierte Kronen Zeitung

Monatlich Krone 1.20
mit Zustellung ins Haus.

Verantw. Red.: R. Eisenmenger. Buchdruckerei und Zeitungsverlag G. Davis & Co., Wien, IX. Pramergasse 28. Verantwortl.: R. Eisenmenger.

Administration: IX/1, Pramergasse 28, Tel. 15744. Stadtbureau: I., Schulerstraße 19, Teleph. 7927.

Wien, Dienstag, den 30. Juni 1914.
Redaktion: Wien, IX/1, Pramergasse 28.
Int.-urb. Tel. 12806. Lokal-Tel. 14330. Manuskripte werden nicht zurückgestellt.

Provinz-Abonnement vierteljährlich 5 Kronen. Bestellungen für weniger als drei Monate werden nicht angenommen.

Das Standrecht in Sarajewo verhängt. Große Demonstrationen gegen die Serben.

Das Attentat von Sarajewo. Die Ermordung des Thronfolgers und seiner Gemahlin.

Titelblatt der »Illustrierte Kronen Zeitung« vom 30. Juni 1914

Ein Raum zwischen Damals und Heute

Wer Schloss Artstetten zum ersten Mal besucht, kann sich dem Zauber der harmonisch angeordneten Räume und der Romantik des Landschaftsparks kaum entziehen. Spätestens aber nach dem Verweilen im Innenhof und dem bewussten Nachempfinden der dramatischen Ereignisse jenes 28. Juni 1914 drängt sich die Frage auf: Wo ist der Anfang jener Spirale, die sich im Leben meiner Urgroßeltern plötzlich immer schneller drehte, ohne dass es diejenigen, die davon betroffen waren, bemerken konnten? Wo und wie hat das Leben jenes Mannes begonnen, dessen Name so untrennbar mit dem Attentat von Sarajevo und in letzter Konsequenz mit der Neuordnung Europas verbunden ist?

Der gedankliche Übergang vom gemeinsamen Sterben des Thronfolgers und der Herzogin von Hohenberg – zurück zur glücklichen Kindheit, hinein in die große Familie und Verwandtschaft – gelingt am besten mit einem kurzen Innehalten. Aus diesem Grund haben wir im Schloss den »schwarzen Raum« geschaffen. Bevor man einer Fülle von Exponaten, Bildern, Fotos und Einrichtungsgegenständen aus der damaligen Zeit gegenübersteht, erblickt man in dieser »Zeitschleuse« nur das weiße Gipsrelief des Paares. Hier wird noch einmal deutlich, dass zwei einander von Herzen zugetane Menschen plötzlich sterben mussten. Ohne die Gnade eines gemeinsamen, besinnlichen Alterns; ohne die Freude, die drei geliebten Kinder heranwachsen sehen zu dürfen; ohne das Vergnügen, Enkelkinder haben zu können.

Das Tröstliche ist, dass wenigstens der gemeinsame Todeszeitpunkt, wenn auch viel zu früh, den jeweils anderen nicht hat leiden lassen. Der Erzherzog, mein Urgroßvater, wusste, dass eine der Folgen seiner Hochzeit mit einer nicht ganz »Ebenbürtigen« auch sein würde, dass sie nicht gemeinsam an der für Mitglieder des Erzhauses vorgesehenen Stelle bestattet werden könnten: in der Kapuzinergruft. Da waren die Hausgesetze der Habsburger kompromisslos.

Also sorgte Franz Ferdinand bereits zu Lebzeiten rechtzeitig vor und ließ für sich und seine Familie eine eigene Gruft in Schloss Artstetten errichten. Den Schlüssel zu ihr kann man an der Kasse unseres Museums-Shops ausleihen. Ein paar Schritte um das Haus, und man kann in ruhiger Betrachtung die beiden schlichten hellen Sarkophage auf sich wirken lassen. Die Zeichen für Alpha und Omega, Anfang und Ende, sind jeweils am Fußende der Marmorsärge eingraviert. Mit wenigen Worten wird auf dem gemeinsamen Sockel das Wichtigste gesagt: IVNCTI CONIVGIO FATIS IVNGVNTUR EISDEM – »Verbunden durch das Band der Ehe, vereint durch das gleiche Schicksal«.

So wie ich meinen Urgroßvater einschätze, war es für ihn unerheblich, ob er in Wien oder Artstetten zur letzten Ruhe gebettet würde. Er war überzeugter Katholik. Wichtig war ihm vor allem, dass er jederzeit auf seinen Tod vorbereitet war. Interessant dazu ein Brief seines Beichtvaters, Pater Edmund Fischer. In diesem Schreiben vom 16. Jänner 1909 bezieht sich der Geistliche auf ein zuvor in Konopischt geführtes Gespräch:

> ***»Gewöhnen Euer Kaiserliche Hoheit sich an, vor jeder Reise, an jedem Abend recht innig Reue über alle Armseligkeiten des Tages und des ganzen Lebens zu erwecken, damit einen jeden Augenblick wir vor Gott hintreten können, auch wenn der Priester nicht an unserer Seite wäre. Das ist ein großer Trost und gibt uns Muth.«***

Ein guter Rat, der auch heute noch seine Gültigkeit hat, nicht nur für den strenggläubigen Katholiken.

Die Frage nach dem Anfang – die Suche nach den Wurzeln

Die Frage nach dem Jetzt und nach der Entwicklung dorthin beginnt immer bei der Frage nach der Vergangenheit. Wir können uns ihr nicht entziehen: Wohin wir gehen, zeigt, woher wir kommen. Wenn Sie Ihren Blick in den Räumlichkeiten der Eingangsebene von Schloss Artstetten schweifen lassen, dann sehen Sie auf den zahlreichen Bildern einen guten Teil der Familie versammelt.

Der Onkel: Kaiser Maximilian von Mexiko

Einige kennen Sie sicher. Die »Klassiker« sind Kaiser Franz Joseph I. und seine Frau, Kaiserin Elisabeth. Rasch finden Sie bestimmt auch den unglücklichen Kaiser von Mexiko, Maximilian, den jüngeren Bruder Kaiser Franz Josephs, der von Napoleon III. gewissermaßen »hineintheatert« und 1867 in Mexiko standrechtlich erschossen wurde. Seine Frau Charlotte hatte übrigens bis zum tragischen Ende vergeblich versucht, in Europas Fürstenhäusern diplomatische Hilfe für ihren Mann zu bekommen. Auch Kronprinz Rudolf, Sohn Kaiser Franz Josephs, dessen tragischer Selbstmord bis heute rätselhaft bleibt, ist hier vertreten.

Kaiser Franz Joseph war als Onkel Franz Ferdinands nicht immer der gütige ältere Herr, als der er so gerne dargestellt wird. In Wahrheit führte »der gute Kaiser Franz Joseph« ein strenges Regiment, nicht nur in der Innen- und Außenpolitik. Das hat auch die Familie oft genug gespürt, mein Urgroßvater Erzherzog Franz Ferdinand aber in ganz besonderem Maße. Sehen Sie sich seine verschiedenen Bilder und Gemälde etwas genauer an – ein Bild sagt mehr als 1000 Worte.

Was an den Bildnissen Erzherzog Franz Ferdinands auffällt, ist der durchwegs ernste und entschlossene Blick. Fast gewinnt man den Eindruck, Lachen oder wenigstens Lächeln kam für diesen Mann nicht infrage. Diese Haltung kommt nicht von ungefähr. Um den Menschen hinter der nachdenklichen und ernsten Fassade zu ergründen und anderen zugänglich zu machen, habe ich mich entschlossen, in diesem Buch meinen Urgroßvater ins Zentrum der Betrachtungen zu stellen. Wenn Sie nun also mehr über den Thronfolger erfahren und dabei die vielen anderen Familienmitglieder, deren Gesichter Sie in den Schlossräumlichkeiten betrachten können, zum Teil nur erwähnt werden, so wissen Sie jetzt, warum. Ich will das Andenken an diesen großen Mann und Vordenker so bewahren, wie es ihm gebührt. Es geht mir dabei nicht darum, die Geschichtsschreibung zu beeinflussen; aber es gibt mir das gute Gefühl, meinem Urgroßvater ein sehr persönliches Denkmal der etwas anderen Art zu setzen.

Herausforderung durch die Familie

Wenn Sie sich nun selbst die Frage stellen: Was hat mich in meinem Leben wirklich nachhaltig beeinflusst?, dann kommt fast sicher die Antwort: Kindheit, Zuhause, Familie, Eltern, Geschwister, Großeltern, selbstverständlich auch Lehrer und Mitschüler, Cousins und Cousinen, Tanten und Onkel. Geschwister können Freunde sein, die das Leben schenkt, sie können aber auch der berühmte Haken sein im Lebenslauf, der vieles entscheidet.

Niemand kann sich aussuchen, in welche Familie er oder sie hineingeboren wird. Der alles entscheidende Zufall, das Entstehen des Menschen, seine genetisch bedingten Anlagen, seine Geburt, Kindheit und Jugend – all das kann großes Glück oder tiefstes Unglück bedeuten.

Ab dem Zeitpunkt des Erwachsenwerdens können wir zumindest bedingt Einfluss nehmen auf unser Leben. Entscheidungen treffen, andere mit einbeziehen, manches tun, anderes lassen. Was auch immer wir beginnen: Nie wird der Einfluss von Geburt und Familie aus unserem Leben völlig wegzudenken sein. Ein Faktum, das auch bei sehr einfacher Familienstruktur mit wenigen Geschwistern oder Einzelkindern kaum zu leugnen ist.

Umso größer ist die Herausforderung, wenn man in eine Familie hineingeboren wird, die nicht nur eine der größten Dynastien Europas darstellt, sondern auch noch als »kaiserliche Familie« bezeichnet wird. Da die Lebensgeschichten der Mitglieder des Hauses Habsburg mit seinen vielen Seitenlinien zahllose dicke Bücher füllen, soll hier – aus dem oben genannten Grund – nur auf den engsten Kreis um den Thronfolger Franz Ferdinand eingegangen werden. Wo ist er geboren worden, wie ist er aufgewachsen, was hat ihn geprägt? Wieso wurde er überhaupt zum Thronfolger? Und woher kommt die Bezeichnung seines Namens »Erzherzog Franz Ferdinand von Österreich-Este«?

Hohe Geburt in Graz

Geboren wurde mein Urgroßvater am Morgen des 18. Dezember 1863 um 7.15 Uhr in Graz, an der Adresse »Sackgasse 18«. Sein Vater war Erzherzog Carl Ludwig, der um drei Jahre jüngere Bruder Kaiser Franz Josephs, geboren am 30. Juli 1833 in Schönbrunn. Franz Ferdinands Mutter war Carl Ludwigs zweite Frau, Prinzessin Maria Annunziata, die Tochter von König Ferdinand II. beider Sizilien.

Bereits jetzt wird die Geschichte etwas kompliziert, denn Franz Ferdinands Vater Carl Ludwig war insgesamt nicht ohne Grund dreimal verheiratet. Die erste Ehefrau, Margaretha (Tochter des Königs Johann von Sachsen), verstarb bereits nach knapp zwei Jahren kinderloser Ehe blutjung, mit nur 18 Jahren, an Typhus. Drei Jahre später heiratete der inzwischen 29-jährige Erzherzog Carl Ludwig die damals 19-jährige Maria Annunziata. Mit ihr führte er

Der Vater: Erzherzog Carl Ludwig, der um drei Jahre jüngere Bruder von Kaiser Franz Joseph; die Mutter: dessen zweite Frau, Prinzessin Maria Annunziata, Tochter von König Ferdinand II. beider Sizilien (um 1863)

Oben: Der fünfjährige Erzherzog Franz Ferdinand bei einer von seinem Vater so geschätzten Theateraufführung, 1868

Unten: Der siebenjährige Franz Ferdinand mit seinen Brüdern Ferdinand (zweijährig) sowie Otto (fünfjährig), Schwester Margaretha Sophie war gerade geboren (1870)

eine einigermaßen glückliche, wenn auch nicht allzu lange Ehe, denn auch sie verstarb nach relativ kurzer Zeit. Sie erlag der Lungentuberkulose. Ein Schicksal also, das sich in tragischer Weise wiederholte und damals keine Seltenheit war. Krankheiten, deren Diagnose und Therapie (beziehungsweise deren Vorbeugung) heute selbstverständlich erscheinen, kosteten vor rund 150 Jahren vielen, leider auch sehr jungen, Menschen das Leben.

Maria Annunziata wusste um ihre Erkrankung und spürte, dass sie nicht alt werden würde. Auch deshalb versuchte sie, in ihr kurzes Leben hineinzupressen, was nur irgendwie möglich war. Dazu gehörte auch die Hoffnung, aus der »Provinz«, als die sie die Stadt Graz empfand, wegzukommen und in die Großstadt Wien zu ziehen. Ihr gutmütiger und ihren Wünschen stets gern nachkommender Ehemann erfüllte diesen Wunsch. Die Familie zog daher 1868 in ein Palais in der Wiener Favoritenstraße. Dort kam auch, nach dem 1865 geborenen Otto, der zweite Bruder Franz Ferdinands zur Welt, der Ferdinand Karl Ludwig genannt wurde.

Hier, im Schloss Artstetten, das der Familie Erzherzog Carl Ludwigs auch als Sommersitz diente, erblickte dann noch ein viertes Kind die Welt. Das kleine Mädchen wurde auf den Namen Margaretha Sophia getauft. Die damals schon sehr schwache und schwer kranke Mutter war damit am Ende ihrer Kräfte. Sie kämpfte noch ein Jahr lang gegen den Tod, der schließlich am 4. Mai 1871 eintrat.

Die junge Frau hinterließ dem nun zum zweiten Mal Witwer gewordenen Carl Ludwig also vier Kinder: Franz Ferdinand (* 1863) sowie dessen Brüder Otto (* 1865) und Ferdinand (* 1868) und Margaretha Sophia (* 1870). Das wäre auch in heutigen Tagen keine einfache Situation. Neben der Trauer um die geliebte Ehefrau plötzlich mit vier kleinen Kindern dazustehen und, als guter Familienvater, den innigen Wunsch zu haben, den Kleinen ein halbwegs geordnetes Familienleben bieten zu können.

Die Bedeutung der Stiefmutter

Was also tun? Es galt, eine Frau zu finden, die nicht nur als liebende Ehefrau, sondern auch als treu sorgende Mutter infrage kam. Für vier ihr fremde Kinder, die noch einen weiten Weg vor sich hatten. Es spricht sehr für die Person und Persönlichkeit Erzherzog Carl Ludwigs, dass sich tatsächlich die ideale Partnerin für ihn fand: in der Person der 18-jährigen Prinzessin Maria Theresia von Braganza, Infantin von Portugal, die nach der Hochzeit mit Carl Ludwig 1873 Erzherzogin Marie Therese genannt wurde. Zur Wahl dieser Ehefrau hatte die Mutter Carl Ludwigs, Erzherzogin Sophie, wie immer ihren nicht unbeträchtlichen Beitrag geleistet.

Das fast Unglaubliche geschah: Die Kinder bekamen eine junge, liebevolle und fürsorgliche Stiefmutter, und endlich kehrte wieder Familienglück im Hause des Erzherzogs ein. Dieses wurde schließlich perfekt durch die Geburt der kleinen Maria Annunziata 1876 sowie einer weiteren Schwester, Elisabeth, die 1878 zur Welt kam. So könnte man meinen, Carl Ludwig konnte zum Glück seiner Kinder den Satz »Was lange währt, wird endlich gut« in jeder Hinsicht bestätigen.

Die Stiefmutter: Maria Theresia von Braganza, Infantin von Portugal, nach der Hochzeit mit Carl Ludwig 1873 Erzherzogin Marie Therese genannt

Geht man zurück in die prägenden Jugendjahre Erzherzog Franz Ferdinands, so konnte er trotz des Schicksalsschlages, die leibliche Mutter früh verloren zu haben, eine glückliche und schöne Kindheit erleben. Das harmonische Familienleben inmitten vieler Geschwister muss in ihm schon früh den Wunsch geweckt haben, es später einmal auch so gut zu treffen: mit einer Frau, die man aus Liebe heiratet und mit der man eine glückliche Kinderschar heranwachsen sehen kann.

Die Leistung Erzherzogin Marie Thereses ist bewundernswert. Sie gab der Bezeichnung »Stiefmutter« eine völlig neue Bedeutung, zum Glück für die Kinder und die gesamte Familie. Die liebevolle Stiefmutter stand in ziemlichem Gegensatz zum Wesen Maria Annunziatas, der leiblichen Mutter Franz Ferdinands. Maria Annunziata litt bereits vor ihrer Hochzeit mit Erzherzog Carl Ludwig an Lungentuberkulose. Eine Tatsche, die dem Bräutigam zum Zeitpunkt der Eheschließung wohl nicht bekannt war, die sich aber fatal auf das Leben der Kinder auswirken sollte, die dieser Ehe entstammten. Maria Annunziata, die sich des Problems sehr wohl bewusst war, hielt, wohl vor allem aus mütterlicher Vorsicht, Abstand zu ihren Kindern. Da gab es nicht einmal ein flüchtiges Umarmen, weil die Ansteckungsgefahr einfach zu groß war. Eine Vorsichtsmaßnahme, die nichts brachte, denn die Lungenkrankheit hatten alle ihre Kinder, möglicherweise bereits durch Ansteckung bei der Geburt, bereits in sich.

Der Abstand, der wegen der Erkrankung zwischen Mutter und Kindern herrschen musste, war mit Sicherheit ein großes Problem. Die emotionale Bindung, die auf natürliche Weise zwischen Kindern und Eltern entsteht, kann sich unter solchen Umständen nicht entwickeln. Was muss der kleine Franz Ferdinand gelitten haben, als er und seine Geschwister von der Mutter nicht liebevoll in den Arm genommen werden konnten!

So tragisch das Ableben der 28-jährigen Maria Annunziata aufgrund der fortgeschrittenen Lungentuberkulose war: Die mittelbare Folge war der Eintritt einer liebevollen Ersatzmutter in diese Familie, die es mit psychologischem Gespür und großer emotionaler Intelligenz trotz ihrer jugendlichen 18 Jahre bei der Hochzeit schaffte, die Herzen der Kinder und das des Vaters im Sturm zu erobern. Diese Frau war es auch, die – zum Glück! – die weitere Entwicklung Franz Ferdinands nachhaltig prägen konnte und ihm bis an das Ende seines Lebens eine liebevolle, weise und gütige Ratgeberin war. Was kann man Schöneres über eine Mutter sagen?

Der »Ausstellungs-Erzherzog«

Die landläufige Meinung über Kindererziehung und Alltag in einem adeligen Haushalt geht nicht selten in die Richtung: verwöhnte Fratzen, denen jeder Wunsch von den Augen abgelesen wird, süßes Nichtstun und keine Sorgen um Essen, Trinken, Kleidung und Geld, weil ja ohnedies alles im Überfluss vorhanden ist.

Weit gefehlt! Franz Ferdinand und seine Geschwister mussten sehr wohl, und zwar sehr viel, lernen, um sich auf einen späteren

Beruf vorzubereiten. Das konnte die Gutsverwaltung mit allen damit verbundenen Pflichten und großer Verantwortung gegenüber den Mitarbeitern sein. Oder die Vorbereitung auf ein hohes Amt, wie auch der Vater, Erzherzog Carl Ludwig, seiner Familie und seinen Zeitgenossen in vieler Hinsicht beeindruckend demonstrierte.

»Der Ausstellungs-Erzherzog« Carl Ludwig

Denn Carl Ludwig bekleidete eine unglaubliche Anzahl von Ämtern. Begonnen hatte er im Alter von 20 Jahren als Staatsdiener, mit 22 war er bereits Statthalter von Tirol, später auch in Lemberg in Galizien. Ab dem sogenannten Februarpatent vom 26. Februar 1861 konnte man jedoch nicht gleichzeitig Mitglied des Erzhauses und »Diener« eines Ministers sein. Das Februarpatent war eine von Kaiser Franz Joseph erlassene Verfassung für den gesamten österreichischen Kaiserstaat, durch die die Grundlage für eine konstitutionelle Regierungsform gelegt wurde. Es teilte die Legislative zwischen der Krone und zwei Kammern des Reichsrats.

Also suchte Carl Ludwig andere Möglichkeiten, seine Fähigkeiten einzusetzen. Zwar konnte er hin und wieder seinen Bruder, Kaiser Franz Joseph I., vertreten. Doch am liebsten war ihm die Förderung von Gewerbe, Künsten und Wissenschaften. So übernahm er eine Vielzahl von sogenannten Protektoraten. Damit in Zusammenhang standen viele öffentliche Auftritte und Verpflichtungen sowie diverse Ausstellungseröffnungen. Die damit verbundenen Reden waren sein tägliches Brot. Aus gutem Grund und mit einem Augenzwinkern bezeichnete er sich daher selbst einmal scherzhaft als »Ausstellungs-Erzherzog«. Er war unter anderem Protektor des Grazer Kunstvereines, des Wiener Künstlerhauses, der Gartenbaugesellschaft, aber auch diverser Weltausstellungen zwischen Paris und Sydney. Er stiftete 1874 eine nach ihm benannte Goldmedaille und 1890 die höchste Auszeichnung für Bildende Künstler, die es damals gab, den Kaiserpreis.

Obwohl viel unterwegs, sorgte Erzherzog Carl Ludwig für eine ausgewogene »work-life-balance«: Immer wieder nahm er sich bewusst Zeit, um die Erziehung und den Unterricht seiner Kinder und deren Fortschritte genau mitzuverfolgen. Ein Mustervater also, möchte man meinen, und sicher ein echtes Vorbild für seinen Nachwuchs.

Nicht für die Schule, sondern für das Leben

Carl Ludwigs lebhaftes Interesse für fremde Länder und Sitten, aber auch für Kunst und Gewerbe muss den kleinen Franz Ferdinand bald »angesteckt« haben. Der Bub war schon früh fasziniert von den Erzählungen seines Vaters über die große, weite Welt und von dem damals gar nicht so üblichen Blick weit über den eigenen Tellerrand hinaus. Kein Zufall also, dass Franz Ferdinand – vielleicht auch unbewusst – seinem Vater nacheiferte. Später, als Erwachsener, unternahm er weite Reisen, auf denen er das Erlebte genau dokumentierte. Er wurde ein begeisterter Sammler von Gewerbe- und Kunstgegenständen, um Kultur zu erhalten und auch für nachfolgende Generationen erlebbar zu machen.

Die Grundlagen für diese späteren Neigungen sind jedoch nicht nur in den vielseitigen Tätigkeiten des Vaters zu suchen, sondern auch in einem beeindruckenden umfassenden Lehrplan mit genau geregeltem Unterricht. Ganztagsschule war für Franz Ferdinand und seine Geschwister praktisch selbstverständlich. Der Lehrplan dieses Privatunterrichts war in vielem genauso wie für Gleichaltrige in den öffentlichen Schulen, aber um wichtige Zusatzfächer erweitert. Die Kinder lernten nicht nur »das Übliche«, wie Deutsch, Lesen, Schrei-

Das letzte Familienfoto von Februar 1896; v.l.n.r. Erzherzogin Maria Annunziata, Erzherzogin Marie Therese, Erzherzogin Elisabeth, Erzherzog Franz Ferdinand, Erzherzog Carl Ludwig, Erzherzog Ferdinand

ben, Rechnen, Religion, Zeichnen, Musik und Turnen; es kamen, vor allem nach den Kinderjahren, neben Staatswissenschaften und Kirchenrecht auch Sprachen wie Englisch, Latein und Französisch sowie Tschechisch und Ungarisch dazu. Sogar das Fach »Terrain-Aufnahme«, was wohl der Arbeit eines Geometers gleichkommt, war dabei.

Dass auch alles genau nach Plan ablief, dafür sorgte ein bewährter und erstklassiger Stab an Lehrern und Ausbildnern, unter denen sich viele klingende Namen wie die Grafen Bohuslaw Aichelburg, Karl Coreth, Johann Nostitz-Rieneck und Georg Wallis fanden. Sie alle unterrichteten unter der umsichtigen und klugen Leitung des Grafen Ferdinand Degenfeld. Was aus heutiger Sicht vielleicht ein wenig hochgestochen klingt (lauter Grafen!), war im Sinne einer Erziehung für spätere hohe Ämter unverzichtbar. Nur erstklassige Lehrer konnten erstklassigen Unterricht bieten, und darauf kam es in der kaiserlichen Familie an.

Wer nun glaubt, ein wenig Zuhören und ein wenig Üben und das war's dann auch schon, der Rest des Tages dient dem Vergnügen, der irrt gewaltig. Franz Ferdinand und sein Bruder Otto hatten einen straffen Zeitplan, der nur sehr wenige Möglichkeiten für Spaß und Spiel bot. Unterricht war von Montag bis Samstag ab 7.30 Uhr früh, manchmal auch schon ab 7.00 Uhr. Dreimal pro Woche war der Kirchenbesuch Pflicht. Abgesehen von kurzen Unterbrechungen für Frühstück, Mittag- und Abendessen wurde den ganzen Tag über, zumindest bis 20.00 Uhr, gebüffelt.

Dass bei so einem Tagesablauf die Disziplin nicht immer 100-prozentig da ist, liegt auf der Hand. Und Franz Ferdinand war, das muss man ehrlich sagen, kein begeisterter, ehrgeiziger Lerner. Heute würde man vielleicht sagen: Hauptsache, die Kinder kommen durch! Damals jedoch, bei einem jungen Erzherzog in Erwartung späterer höherer Aufgaben, war die Situation auch für die Lehrer nicht so leicht. Das zeigt zum Beispiel ein Schreiben des vorhin erwähnten Grafen Degenfeld vom 14. August 1871 an den damals erst achtjährigen Franz Ferdinand: »Graf Koreth schreibt mir auch, dass Sie meistens brav sind. Nun, ich bin hierüber recht froh, und ich bin überzeugt, in seinem nächsten Brief wird es heißen, Sie seien immer brav. Es ist für ihn eine große Mühe, immer mit Ihnen beiden zu sein und auch noch Otto Stunden zu geben.«

1896 senden »Otto, Franzi und Ferdinand« (v.l.n.r.) ihrer geliebten Stiefmutter »viele Handküsse aus Monte Carlo«.

Später einmal sollte Franz Ferdinand in Hinblick auf diese Zeit der Lernjahre ziemlich klar sagen, was ihm damals so gegen den Strich ging: »Von der Früh bis in die Nacht, eine Stunde nach der anderen, alles durcheinander, kaum dass wir einmal zwischen zwei Stunden brav an der Hand des Hofmeisters ein bisschen spazieren gehen durften. So kommt es, dass wir alles gelernt haben und gar nichts Ordentliches wissen.« Das könnte eigentlich auch ein Gymnasiast der heutigen Zeit geschrieben haben!

Noch viel weniger für den Ernst des Lebens geeignet schien der jüngere Bruder Otto. Er war immer zu Streichen aufgelegt, stets lustig, nur selten brav und eifrig. Unterschiedlicher könnten zwei Brüder kaum sein: Franz Ferdinand als eher ernster Charakter, Otto als ausgelassener, heiterer Knabe. Ich bin selbst Mutter von vier Kindern und weiß daher sehr gut, was es heißt, möglichst gerecht sein zu wollen und niemanden zu bevorzugen oder zu benachteiligen. Vor diesem Problem standen auch damals Eltern und Pädagogen.

Psychologisch vielleicht verständlich, erzieherisch aber ein Jammer: Sowohl die Lehrer als auch der Vater »bevorzugten« immer wieder den fröhlichen Otto. Nie bewusst, oft kaum merklich, aber für den älteren der beiden Brüder, Franz Ferdinand, ein echter Frust. Kein Wunder, dass diese Kinder- und Jugendjahre nicht spurlos an ihm vorübergehen konnten. Und durchaus nachvollziehbar, dass die von ihm latent empfundene »Zurücksetzung« aus ihm einen eher zurückgezogenen, manchmal auch verdrossenen und sehr ernsten jungen Menschen machte. An dieser Stelle nochmals Hochachtung für die junge Stiefmutter, die alle Geschwister gleich behandelte und liebte, und auch keine Unterschiede machte, als sie ihrem um so viele Jahre älteren Mann noch zwei Töchter schenkte.

Vom Glück auf dem Land

Franz Ferdinand (»Franzi«, wie er damals gerufen wurde) und seine Geschwister liebten die Sommermonate auf dem Land. Zum Glück hatte der Vater Freude an der Natur, der Ruhe und auch der Jagd. Erzherzog Carl Ludwig verbrachte ab dem Jahr 1863, dem Geburtsjahr Franz Ferdinands, Spätfrühling und Sommer mit der Familie gerne in Artstetten, wo er auch Bürgermeister war. Ihm ist der Einbau eines Badezimmers sowie von kaltem und warmem Fließwasser im Schloss zu verdanken. Heute ist das eine Selbstverständlichkeit, damals war es eine kleine Sensation.

Auch der wunderschöne Schlosspark wurde unter Erzherzog Carl Ludwig zwischen 1861 und 1866 landschaftlich umgestaltet und ist im damaligen Stil in vielen Bereichen bis heute erhalten. Die großräumige und abwechslungsreiche Gliederung, die den Parkgarten größer erscheinen lässt, als er tatsächlich ist, und die Errichtung der Wege gehen auf ihn zurück. Als begeisterter Schwimmer ließ er auf einer kleinen Anhöhe des Parks ein Schwimmbecken errichten, das damals auch als Löschteich diente, sowie den sogenannten Badepavillon im Stil eines Sommer-Lusthäuschens.

Ein weiteres beliebtes Sommer-Reiseziel der Familie war die Villa Wartholz, die Erzherzog Carl Ludwig bei Reichenau an der Rax hatte bauen lassen. Der Auftrag an den Architekten war eindeutig. Kein Prunkbau sollte entstehen, sondern ein geräumiges, gemütliches Haus mit viel Platz für eine große Familie, wo alle das Landleben genießen konnten. Mit ihren Türmen und dem großzügig angelegten, vorgelagerten Balkon war sie ein Musterbau ihrer Zeit, vom damals sehr populären Architekten Heinrich von Ferstel perfekt geplant als hoch gelegenes Haus mit freiem Blick über das Tal, wie es sich durch die Lage förmlich angeboten hatte. In der Sprache der heutigen Immobilienmakler wäre wohl von einem »Traumhaus in einzigartiger, unverbaubarer Grünruhelage« die Rede. Carl Ludwig aber war der großartige Ausblick nicht so wichtig. Er wollte vor allem seine Ruhe haben. Also ließ er rund um die 1872 fertiggestellte Villa einen parkartigen Wald anlegen, der jeden Einblick verhindern sollte. Dort war das Paradies, wo es für alle so etwas wie ein »freies Leben« ohne strengen Tagesablauf und minutiös eingeteilten Zeitplan gab. Welches Kind wäre nicht darüber glücklich, so richtig schön Ferien machen zu können?

Ferien in der freien Natur genießen – dazu gehört auch ein wenig Abenteuer. Genau das Richtige für den Ältesten in der Familie! Nicht von ungefähr war bereits in frühen Jahren das Interesse für die Jagd bei Franz Ferdinand geweckt. War doch der Vater nicht nur ein besonders geduldiger Angler, sondern auch ein deklarierter Freund des Waidwerks. Es liegt auf der Hand, dass der Junge hier eine Schiene in Richtung des Herzens seines Vaters legen konnte. Und er tat dies mit echter Begeisterung. Er war noch nicht einmal neun Jahre alt, als er seinen ersten Jagderfolg verbuchen konnte. Dazu gratulierte ihm sein fünf Jahre älterer Cousin, Kronprinz Rudolf, in einem sehr netten und persönlichen Brief aus Bad Ischl (der »Papa«, von dem die Rede ist, ist natürlich der Kaiser selbst): »Dein lieber Brief freute mich sehr, und Papa hat mich beauftragt, Dir vielmals für Deine guten Wünsche zum Namenstage zu danken. Ich gratuliere Dir vielmals zu Deinem ersten Wild, ich kann mir denken, wie es Dich gefreut hat […] Ich bleibe Dein Dich liebender Rudolf.«

Schon aus diesen wenigen Zeilen geht hervor, dass es einen guten Draht zwischen Franz Ferdinand und Kronprinz Rudolf gegeben haben muss. Die beiden verstanden sich großartig. Das Lob des älteren Cousins hat den Jüngeren sicher sehr stolz gemacht – ein weiterer Grund, die Jagd im Auge zu behalten und bereits als Bub richtige Jagdtagebücher zu führen. Es ist für mich auch aus heutiger Sicht fast rührend, zu sehen und nachzuempfinden, welch großes Interesse mein Urgroßvater an der Natur und allem, was damit zusammenhängt, hatte. Über eine erlegte Schnepfe konnte er zum Beispiel mehrere Seiten schreiben, ohne dass ihm langweilig wurde. So wie es für junge Menschen typisch ist, hatte auch er etwas gefunden, das ihn weit mehr faszinierte als Geschichtsbücher, Staatstheorie oder Ungarisch als Amtssprache.

Es mag sein, dass sein Bruder, der »fesche« und charmante Otto, der bessere Reiter und Fechter war. Umso größer aber muss der Ansporn für Franz Ferdinand gewesen sein, etwas zu lernen, das ihm wirklich Freude machte und das er bis zur Perfektion beherrschen konnte. Damit war das Feuer entfacht: Die Jagd und die damit verbundene Herausforderung, ein erstklassiger Schütze zu sein, wurden seine große Leidenschaft.

Warum ich es so wichtig finde, die Kindheits- und Jugendjahre Franz Ferdinands im Kontext der Umgebung und seiner Familie zu sehen? Weil man die Beweggründe für viele Entscheidungen, etliche Grundlagen für Vorlieben und Schwächen, soziales Verhalten und einiges mehr, das im Erwachsenenleben wichtig ist, in der Kindheit und der nächsten Verwandtschaft finden kann. Wer sich für den Menschen Franz Ferdinand interessiert, kann ihn nur dann plastisch begreifen, wenn er die Gesamtheit der lebensentscheidenden Umstände kennt.

Erzherzog Carl Ludwig und Erzherzog Franz Ferdinand als Leutnant des Infanterie-Regiments Nr. 32 mit dem Orden vom Goldenen Vlies (1878)

Der Weg nach oben

Wenn ich Sie nun sozusagen an der Hand nehme und Sie bitte, mich »nach oben« zu begleiten, dann ist das im doppelten Sinn gemeint. Einerseits steigen wir ein paar Stufen hinauf, um in der nächsten Etage des Schlosses in das Leben meines Urgroßvaters einzutauchen. Andererseits gelangen wir damit in jene Phasen seines Lebens, in denen er im wahrsten Sinne des Wortes ganz oben stand, dort angekommen war, wohin er im Prinzip auch wollte. Leicht hat er es sich nicht gemacht und nur selten hat er sich für den einfachsten Weg entschieden. In vielen Bereichen jedoch gelang es ihm, an das Ziel seiner Wünsche, seiner Vorstellungen zu kommen. Um es mit einem klassischen Spruch von Seneca zu sagen, den ich für meinen Urgroßvater sehr passend finde: *Per aspera ad astra!* (»Über Widrigkeiten hin zu den Sternen!«).

Orden und Namen

An den Wänden des Treppenhauses finden sich einige sehr typische Aufnahmen aus jener Zeit, die Franz Ferdinand unter anderem als Jungen an der Schwelle zum Erwachsensein abbilden. Ein bekanntes Motiv zeigt ihn mit ernstem Blick und tadelloser Haltung neben dem bequem sitzenden, rauchenden, stolzen Vater stehend. Dieses Foto stellt eine Besonderheit im Leben des jungen Erzherzogs dar. War ihm doch kurz zuvor mit nur 15 Jahren der Orden vom Goldenen Vlies durch den Kaiser verliehen worden. Dieser Orden gilt auch heute noch, neben dem englischen Hosenbandorden und dem dänischen Elefantenorden, als einer der nobelsten christlichen Ritterorden. Wenn man sich vorstellt, was so eine Ordensverleihung durch den Kaiser selbst für einen Erwachsenen bedeutete, so ist klar, dass der Junge sehr stolz darauf sein konnte. Der Orden wurde nur für besondere Verdienste vergeben, es war ein vom Kaiser verliehenes Privileg, diesem Orden anzugehören und »dabeisein zu dürfen«.

Dabei hatte es im Leben des erst zwölfjährigen Erzherzogs bereits eine aufregende Neuerung gegeben. Ab diesem Alter lautete sein vollständiger Name nämlich »Erzherzog Franz Ferdinand von Österreich-Este«. Denn 1875 starb der letzte Herzog von Modena, Franz V. d' Este, und da er keine männlichen Nachkommen hatte, vererbte er sein Vermögen an Franz Ferdinand. Es gab nur eine Auflage für ihn: ab dem Zeitpunkt des Erbantrittes den Namen »Österreich-Este« zu tragen. Ein verständlicher Wunsch des alten Herzogs, denn so konnte er seinen Namen vor dem Aussterben bewahren.

Was in unseren Ohren fast wie ein Lotteriegewinn klingt, nämlich eine größere Erbschaft zu machen, war damals freilich eine Anzahl eher ertragloser Immobilien in Italien. Gleichzeitig jedoch, und das war die eigentliche Sensation, gehörte die berühmte estensische Kunstsammlung dazu. Wer den Lebenslauf Franz Ferdinands kennt, ahnt, auf welch fruchtbaren Boden dieser Teil des Vermächtnisses gefallen ist. Die Sammlung wurde später in Konopischt aufgestellt, wobei sich der Erzherzog für die Präsentation einen besonders fähigen und damals sehr gefragten Künstler ins Haus holte, den Bildhauer Carl Costenoble, der Mitglied des Wiener Künstlerhauses war.

1883 besichtigte Erzherzog Franz Ferdinand seine estensischen Liegenschaften, zu denen u. a. Schloss Catajo bei Modena zählte.

Der Ernst des Lebens

Dem zwölfjährigen Buben war das alles allerdings noch eher gleichgültig. Erst viele Jahre später wurde ihm klar, welche Bedeutung vor allem die Kunstschätze hatten. Zurück also zum jungen Franz Ferdinand. Ab April 1878 trat er in den Militärdienst ein, und zwar als Leutnant, wie durch Siegel und Brief seines Cousins, Kronprinz Rudolf, mit wenigen Worten festgelegt worden war. »Lieber Herr Vetter Erzherzog Franz Ferdinand von Österreich-Este. Ich habe Eure Liebden zum Lieutenant im vacanten Infanterie-Regiment No 32 ernannt.« Diese einfachen Sätze waren ein Meilenstein im Leben meines Urgroßvaters. Die Basis für eine militärische Laufbahn war gelegt, ein ganz bestimmter Weg vorgegeben. Und genau das war schon immer ein Problem für diesen Querdenker und unsteten Geist. Sich in eine Schablone pressen zu lassen, das war absolut nicht Seines. Zwänge, Vorschriften, Hofzeremoniell und dazu seitens des Erzhauses eine nicht unbeträchtliche Erwartungshaltung – alles wie gemacht für die innere Rebellion in der Seele des jungen Erzherzogs.

Die Leutnantsernennung selbst nahm Franz Ferdinand relativ gelassen. Dass er mit seinen damals nicht einmal 15 Jahren noch nicht ganz so erwachsen reagierte, wie es seine neue Aufgabe vielleicht verlangte, zeigt der fast rührende Brief an seine Stiefmutter zur aktuellen Neuigkeit. (Ich versuche mir parallel dazu vorzustellen, welche E-Mail heutzutage wohl ein 14-Jähriger an seine Eltern schickt, wenn er seinen ersten Job bekommen hat.)

»Liebe Mama! Ich bitte um Entschuldigung, dass ich jetzt drei Tage nicht geschrieben habe. Am Ostersonntag habe ich glaub ich Aufgaben gemacht, Ostermontag waren wir in Reichenau und gestern hatte ich Kopfweh und musste an den Kaiser schreiben, da ich wie du es schon wissen wirst Lieutenant geworden bin. Gestern habe ich die Nachricht erhalten. Ich hätte sollen Oberst im Regimente IR No 32 werden, aber Papa war dagegen und so bin ich Lieutenant geworden in dem Regimente. Das Regiment, ein ungarisches, hat das Nro 32, himmelblaue Aufschläge und gelbe Knöpfe. Es rekrutiert sich aus Buda-Pest und der Stab liegt in Zara. Es ist schon alles bestellt Uniform, Mantel, Csako,

Handschuh, Cravatten, Kuppel und Säbel, etc. Jetzt wo ich Dir den Brief schreibe, habe ich lange Hosen an.«

Der Ernst des Lebens hat also begonnen, und es ist kein Wunder, dass fast alle Fotos, die ab diesem Zeitpunkt gemacht wurden, den jungen Erzherzog in Uniform zeigen. Beim Betrachten der vielen Bilder, die meinen Urgroßvater in militärischer Funktion zeigen, komme ich nicht umhin, festzustellen: Fesch waren sie schon, diese Uniformen. Kein Wunder, dass heutige Modeschöpfer dieses Thema immer wieder gerne aufgreifen.

Man kann über den Militärdienst denken, wie man will. Dem modernen Zeitgeist entspricht mittlerweile die Tatsache, dass die Wehrpflicht im Europa des 21. Jahrhunderts bereits eher die Ausnahme als die Regel bedeutet. Im Jahr 2011 standen 21 Staaten mit Berufsarmee nur sieben mit Wehrpflicht gegenüber. Damals, Ende des 19. Jahrhunderts, wäre ein solcher Gedanke völlig absurd gewesen. Die gut organisierte Landesverteidigung auf Basis der Allgemeinen Wehrpflicht, die in Österreich 1868 eingeführt worden war, wurde rasch selbstverständlicher Bestandteil des politischen Gefüges und gehörte im Leben eines jeden jungen Mannes zu den wichtigsten Erfahrungen.

Teamwork, Disziplin und Reinlichkeit waren für viele junge Männer damals eher Fremdworte, bis sie einrücken mussten. Dann hieß es plötzlich lernen, sich regelmäßig zu waschen und zu rasieren, sich einen ordentlichen Haarschnitt verpassen zu lassen, die Schuhe regelmäßig zu putzen und die Uniform in Ordnung zu halten. So lernten die jungen Burschen, eine gewisse Haltung anzunehmen, und bekamen vieles beigebracht, was zu einer moralischen, ethisch einwandfreien Einstellung beiträgt und helfen kann, sich im Leben auch in schwierigen Situationen zu bewähren.

Erste Manöver

Natürlich wurde der pubertierende Franz Ferdinand mit seinen 14 Jahren nicht gleich in bedeutsame Manöver verstrickt. Das wurde auch gar nicht von ihm erwartet. Der wahre Ernst des Lebens begann 1880, als er zum ersten Mal zu »echten« Manövern einberufen wurde. Zu seinem Glück geschah dies unter der Leitung seines Lieblings-Cousins, Kronprinz Rudolf, der ihm unter anderem schrieb:

> ***»Ich bin so froh, dass ich bei diesem Schritt, den Du heuer in der Armee machst, bei dieser ersten Berührung mit jenem Stande, in dem Du einmal leben und arbeiten wirst, zugegen sein kann; und dass das Offiziercorps jenes Regimentes, das zu commandieren ich die Ehre habe, das Erste ist, welches Du näher kennen lernen wirst.«***

Damit war die neue Welt des jungen Franz Ferdinand durchaus positiv besetzt. Bald schon, am 24. April 1882, wurde er zum Oberleutnant befördert. Als solcher rückte er zum ersten Truppendienst beim Kaiserjäger-Bataillon im Brucker Lager bei Bruck an der Leitha ein. Was der Kaiser über seinen jungen Neffen zu hören bekam, muss ihn gefreut haben. Mit viel Geschick soll Franz Ferdinand dort eine Kompanie kommandiert haben.

Kronprinz Rudolf in der Uniform eines k.u.k. Linienschiffkapitäns (1878)

Noch etwas Wichtiges fiel in die Brucker Zeit: Franz Ferdinand lernte im Herbst 1882 den Juristen Dr. Max Wladimir von Beck kennen. Nicht ganz zufällig, natürlich. Denn dieser sollte, im Auftrag des Vaters Carl Ludwig, dem hoffnungsvollen jungen Oberleutnant einiges zum Thema »Staatsrecht« beibringen. Da ich die Begeisterung meines Urgroßvaters für trockene Lernfächer kenne, kann ich mir lebhaft vorstellen, wie groß die Freude war, als Franz Ferdinand erfuhr, wen ihm da sein Vater für welchen Zweck geschickt hatte – noch dazu für elf Vorlesungs-Stunden pro Woche! Doch das fast Unwahrscheinliche geschah: Zwischen Lehrer und Schüler entwickelte sich eine freundschaftliche Beziehung, die durch den geringen Altersunterschied von nur zehn Jahren sicher begünstigt wurde. Die Vorträge und das Thema machten beiden Spaß, und nach einem Jahr legte der junge Erzherzog eine Prüfung über das Gelernte ab, die, übrigens in Anwesenheit seines Vaters, ausgesprochen gut ausfiel. Auch dieses Detail aus dem Leben des jungen Erzherzogs finde ich wichtig, denn das theoretische Wissen, das er sich in dieser Zeit aneignen durfte, hat ihm später, bei seiner politischen Arbeit, sehr genützt.

Ganz privat

Oft werde ich nach dem Privatleben Franz Ferdinands zu jener Zeit gefragt. Wie allen jungen Leuten um die 20 machte ihm Spaß, was unkompliziertes Vergnügen versprach. Das Problem dabei: Ab November 1883, also knapp 20-jährig, lebte Franz Ferdinand in Enns. Das ist nun nicht gerade der Nabel der Welt ... eine berühmte Garnisonstadt zwar, und Mitte des 19. Jahrhunderts gab es dort sogar die einzige Kavallerieschule der Österreichisch-Ungarischen Monarchie, die ortsüblich als »obere Kaserne« bezeichnet wurde. Das war es dann aber auch schon mit den Besonderheiten dieser Stadt.

In Enns verbrachte Franz Ferdinand fünf Jahre als Oberstleutnant bzw. Rittmeister.

Zum Glück war der Regimentskommandeur ein großzügiger Chef, und Franz Ferdinand durfte sich in regelmäßigen Abständen nach Wien »absentieren«, wo es Jagden, Gesellschaften und Bälle gab. Und wo er neben seinem Palais Modena im dritten Bezirk, in der Beatrixgasse 27, auch eine Wohnung hatte, die es ihm ermöglichte, die Wochenenden ohne viele Umstände in der Hauptstadt zu verbringen. Oder nach Linz, wo er gerne und oft ins Theater ging. An seiner Seite war stets sein »Kammervorsteher« und treuer Begleiter, Graf Leo Wurmbrand. Berichten zufolge haben die beiden ein interessantes Paar abgegeben: Franz Ferdinand schlank und hoch aufgeschossen, blauäugig, dunkelblond, mit den damals sehr modernen Koteletten; neben ihm der braun gebrannte Kammervorsteher mit eher rundlicher Statur, dunkeläugig und mit schwarzem Vollbart. Die unbeschwerten Jahre verdankte der junge Erzherzog – wieder einmal – wohl auch seinem Cousin Rudolf, der ihm in einem seiner zahlreichen Briefe den guten (und scheinbar auch ein wenig hellseherischen) folgenden Rat gab: »Genieße Dein Leben in vollen Zügen, doch immer mit Maß und Verstand; erhalte Dir Deine gute Gesundheit und vergesse nicht, dass eine lustige Jugend nur die Vorbereitung ist für ein glückliches Leben.«

Ein interessantes Paar: Franz Ferdinand mit den damals sehr modernen Koteletten und sein Kammervorsteher, Graf Leo Wurmbrand (1884)

Danke, Kronprinz Rudolf, möchte man da fast sagen. Du hast ihn ehrlich und aus vollster Überzeugung unterstützt, ihm wirklich in allen Lebenslagen geholfen, das möglichst Richtige zu tun. Wie ein großer Bruder hast Du ihn immer im Auge behalten. Wer weiß, wie das Leben Franz Ferdinands und das Schicksal Europas wohl ausgesehen hätten, wärest Du am Leben geblieben und hätte es nicht jene verhängnisvolle Nacht zum 30. Jänner 1889 in Mayerling gegeben.

Die Zeit in Enns

Doch noch war es nicht so weit. Franz Ferdinand stand kurz vor seinem 20. Geburtstag. Er traute sich daher, beim Kaiser um Genehmigung für einen zehn Tage dauernden Urlaub anzusuchen. Nicht übermäßig begeistert und mit dem strengen Auftrag an den Neffen, im Urlaub absolut incognito zu bleiben, stimmte der Kaiser zu. Allerdings: »Wenn Deine Wohnung in Enns fertig sein wird, würde ich wünschen, dass Du zum Regiment einrückst, um Deinen Dienst anzutreten.«

Der Grund der kaiserlichen Vorsicht (»incognito«) lag in der Wahl des Urlaubszieles seines Neffen: Italien. Dort lagen die von Franz Ferdinand geerbten estensischen Güter und Ländereien, was bei einem Besuch des jungen Erzherzogs in den Augen des Kaisers die latente Gefahr barg, dass es dort zu etwaigen Reibereien kommen könnte. Und die galt es tunlichst zu vermeiden.

Beim Rundgang durch unsere Ausstellung werden Sie auch auf die Abbildung dieser Ländereien in Italien stoßen. Durchaus ansehnliche Güter, und eigentlich ist nicht ganz nachvollziehbar, warum der junge Erzherzog damit nicht viel anfangen wollte. Er hatte nicht vor, seine Erbschaft auch nur im Entferntesten anders als eine reine Privatsache anzusehen, er verband damit keinerlei politisches Interesse. An sich hätte er in Italien ein wenig umrühren können, noch dazu, wo er durch die Erbschaft auch Träger des estensischen Adlerordens geworden war. Wie wenig Interesse er an diesen Besitztümern hatte, zeigt auch die Tatsache, dass er diese Insignien niemals anlegte. Zurück aus Italien, im November 1883, wurde er nach Enns versetzt, wo er seinen Dienst im Dragoner-Regiment Kaiser Ferdinand Nr. 4 antrat.

Nicht zuletzt den guten Tipps seines Cousins Rudolf hatte er zu verdanken, dass die Militärzeit in Oberösterreich zu den schönsten Jahren seines jungen Erwachsenenlebens gehörte. Ein kleiner Wermutstropfen war vielleicht der fast allgegenwärtige Onkel, Erzherzog Albrecht, 1817 geboren und somit 13 Jahre älter als Kaiser Franz Joseph. Er war von Kindheit an für die Militärlaufbahn bestimmt, in dieser jahrzehntelang äußerst erfolgreich tätig und mit seiner großen Erfahrung der perfekte Ratgeber für die militärische Erziehung Kronprinz Rudolfs und Erzherzog Franz Ferdinands – sehr zu deren Leidwesen. Als Feldmarschall, Generalinspektor der Armee und Senior des Hauses hatte sein Wort großes Gewicht. Mit seinen Ermahnungen und ständigen Appellen an das Pflichtbewusstsein ging er der Jugend ziemlich auf die Nerven, auch wenn er mit allem recht hatte, was er an Ermahnungen und guten Ratschlägen in vielen Briefen und auch persönlich an die beiden weitergab.

Auch hier kann ich mir beide Seiten gut vorstellen: einerseits die beiden jungen Herren, die verständlicherweise nicht nur das Heer und familiäre Verpflichtungen im Kopf hatten, die aber aufgrund ihrer Stellung und als Mitglieder des Erzhauses nicht nur Soldaten und Jungmännern, sondern der gesamten Bevölkerung ein gutes Beispiel geben sollten. Auf der anderen Seite der erfahrene, kriegerische Habsburger Erzherzog Albrecht, der bereits im Alter von 13 Jahren Oberst-Inhaber des Infanterie-Regiments Nr. 44 wurde und dessen Leben von strenger militärischer Ausbildung geprägt war. Das lässt sich aus seiner Familiengeschichte übrigens schnell erklären. Albrecht war der Sohn Erzherzog Karls, der die zur Legende gewordene Schlacht von Aspern gegen Napoleon gewonnen hatte.

Ab 1883 tat der Erzherzog Dienst beim Dragoner-Regiment Nr. 4 in Enns.

Dass Kronprinz Rudolf, der ein liberaler Geist war, sowie Erzherzog Franz Ferdinand, der schon damals als nonkonformistischer Vordenker bezeichnet werden konnte, mit dem erzkonservativen Onkel Albrecht nicht wirklich ihre Freude hatten, liegt also auf der Hand. Trotzdem, geschadet hat der Einfluss des gestrengen Generalinspektors (und wohl auch verlängerten Armes Kaiser Franz Josephs) den beiden nicht. Wie wir alle aus eigener Erfahrung wissen: Auch wenn gut gemeinte, strenge Worte nerven, bleibt doch immer etwas davon hängen – durchaus im positiven Sinne –, das war vor über 100 Jahren nicht anders als heute.

Fernweh

Das Militär brachte immer wieder Versetzungen und diverse Ortswechsel mit sich, Flexibilität war also gefragt. Was für die polyglotte Jugend von heute ganz normal ist, sich fast überall auf der Welt gut zurechtzufinden, war für die damalige Zeit absolut nicht selbstverständlich. Für den jungen Erzherzog jedoch war das Reisen immer schon ein willkommenes Abenteuer, eine Leidenschaft, die er bis an das Ende seines Lebens nicht aufgab. Damit stand er in klarem Gegensatz zu seinem immer gemütlichen und gerne zu Hause bleibenden Vater, für den schon der Umzug von Graz nach Wien ein echtes Opfer, seiner kranken Frau zuliebe, gewesen war.

Franz Ferdinands großer Traum war eine Weltreise. Für ihn war es keine Frage, dass er, Militär hin oder her, diese nicht erst im hohen Alter antreten wollte. Nicht unbedingt diplomatisch, dafür aber umso öfter ersuchte Franz Ferdinand also um Urlaub vom Militär, um möglichst viel verreisen oder auf die Jagd gehen zu können. Das wurde seinem Onkel, Kaiser Franz Joseph, auf Dauer doch zu bunt. Immer öfter musste Kronprinz Rudolf seinen Cousin daher warnen, es nicht zu übertreiben. Der Tonfall in diesen wirklich gut gemeinten Briefen wurde aus verständlichen Gründen immer dringlicher. Während also Kaiser Franz Joseph seinen Neffen Franz Ferdinand beim ersten Urlaubsgesuch noch relativ milde ermahnt hatte, wie vorhin beschrieben, kamen später immer eindeutigere Warnungen seitens Kronprinz Rudolfs:

Erzherzog Franz Ferdinand über seine Militärzeit: »Diese Jahre zählten zu den schönsten meiner Jugend.«

»Lieber Franzi! Ich halte es für meine Pflicht, Dich als Freund aufmerksam zu machen, dass sich hier eine Agitation in hohen militärischen Kreisen, leider von Allerhöchsten, geltend macht, sich gegen Deine zu vielen Urlaube und Dein zu häufiges nach Wien kommen, richten […] ich kann Dir nur raten, vorsichtig zu sein. Der Kaiser ist ziemlich ungehalten.«

Der junge Erzherzog nahm die Warnungen ernst und versuchte ab diesem Zeitpunkt, sich keine Blöße mehr zu geben. Sein wachsender Diensteifer fiel positiv auf. Gleichzeitig jedoch begann sich unter den damit verbundenen Anstrengungen sein Gesundheitszustand zu verschlechtern. Angesichts dessen gelang es Franz Ferdinand, den Kaiser von einem längeren Auslandsaufenthalt zu überzeugen, in erster Linie, um seine immer wiederkehrenden Halsentzündungen auskurieren zu können.

Im Februar 1885 konnte er nach Ägypten reisen. Das war vom Klima her ideal, leider aber nicht bezüglich der politischen Situation. Es gab immer wieder Aufstände durch die Mahdisten. Das Ausweichziel war daher Palästina. Danach ging es über Damaskus, Smyrna und Athen für einen etwas längeren Aufenthalt nach Korfu. Auf jene Insel also, die auch zu den Lieblingsdestinationen seiner Tante, Kaiserin Sisi, gehörte ... Das Reisevirus hatte Franz Ferdinand endgültig erfasst und sollte ihn nie wieder loslassen. Von Korfu reiste Franz Ferdinand im Mai nach Meran, nicht zuletzt, weil sich seine Eltern und Geschwister dort aufhielten. Das milde Klima tat ihm sichtlich gut. Im Juni konnte er, gestärkt und sichtbar gesünder, den Dienst bei seinem Regiment fortsetzen.

Als ihn sein Cousin Rudolf bei einer im Oktober desselben Jahres in Laxenburg stattfindenden Jagdveranstaltung als Unterstützung brauchte, musste er nicht lange nachdenken. Welchen besseren Grund konnte es geben, dem militärischen Einerlei und der langweiligen Gemütlichkeit von Enns zu entkommen als eine Einladung zur Jagd, die ihm so viel bedeutete?

Wenn Sie einmal etwas Zeit haben, besuchen Sie den Schlosspark von Laxenburg. Das weitläufige Terrain mit dem Gewässer, an dessen Ufern man heute noch die in Österreich selten gewordenen Turmschnecken findet, die romantische Grotte, die Fähre zum Schloss Franzensburg auf der Insel, der Turnierplatz, der Concordiatempel, die uralten Bäume und wunderschönen Wiesen machen die Anlage zu einem besonders gelungenen Beispiel für die historische Gartenkunst des 18. und 19. Jahrhunderts. Mit ein wenig Fantasie kann man vor seinem geistigen Auge die jungen Erzherzöge um die Wette reiten sehen ...

Es war ein Glück für Franz Ferdinand, dass es Kronprinz Rudolf gab, und sicher auch umgekehrt. Die beiden verstanden sich großartig, sie hatten zahlreiche gemeinsame Interessen und zwischen ihnen entwickelte sich ein reger Briefwechsel. Interessanterweise tat Rudolf auch in diesem Bereich etwas, das seinem jüngeren Cousin sehr gut gefiel, weil es aus der Reihe tanzte und den Briefwechsel der beiden zu etwas Besonderem machte: Rudolf verwendete ausschließlich die lateinische Schrift. Außer ihm tat das nur seine Mutter, Kaiserin Sisi. Üblich hingegen war unter den Mitgliedern des Erzhauses die gotische Schrift, ganz klar ein bewusster Ausdruck von gelebtem Konservativismus. Umso mehr eine willkommene Gelegenheit für den Nonkonformisten Rudolf, ein wenig »anders« zu sein.

Das viele Hin- und Herreisen zwischen Enns und Wien ist wohl ebenfalls dem Einfluss Rudolfs zuzuschreiben, der Franz Ferdinand darin bestärkte, entgegen den starren Regeln des Hofes ein freies Leben zu führen, soweit es eben möglich war. Dass solche Tipps gerade beim jungen Erzherzog, der nach Dienstschluss nicht in seiner Ennser Wohnung versauern wollte, auf fruchtbaren Boden fielen, versteht sich von selbst. Außergewöhnliches, Unübliches, einfach alles, was nicht nach »Schema F« ablief, war ganz im Sinne Franz Ferdinands. Ich kann ihn nur zu gut verstehen.

Nichtsdestotrotz nahm die militärische Laufbahn meines Urgroßvaters ihren geregelten Lauf. Am 24. Oktober 1885 wurde er zum Rittmeister befördert, 1888 zum Major, 1889 zum Oberstleutnant, 1890 zum Oberst. Am 25. Oktober 1892 schließlich war der 29-jährige Erzherzog Generalmajor. Dennoch ging ihm die schon lange gehegte Idee einer Weltreise nicht aus dem Kopf.

Es wäre nicht Franz Ferdinand mit seiner Beharrlichkeit und seinem Willen gewesen, wenn er diesen Wunsch nicht auch hätte Wirklichkeit werden lassen. Und zwar im besten Mannesalter, um die damit verbundenen Strapazen gut zu überstehen. Er hatte die in ihn gesetzten militärischen Erwartungen erfüllt, war (noch) nicht verheiratet und somit in einer »Jetzt-oder-nie-Situation«. Ich kann mir gut vorstellen, wie es für einen sich nach Freiheit sehnenden jungen Menschen verlockend gewesen sein muss, eine Möglichkeit vor Augen zu haben, ausbrechen zu können aus dem starren Schema zwischen Repräsentation, Pflichterfüllung und familiärem Gehorsam, vor allem Kaiser Franz Joseph und dem allgegenwärtigen Onkel Albrecht gegenüber.

Einmal Welt und zurück

An Bord der »SMS Kaiserin Elisabeth« begann Erzherzog Franz Ferdinand am 15. Dezember 1892 seine Weltreise.

Der große Wunsch ging in Erfüllung. Am 15. Dezember 1892 hieß es in Triest »Anker auf« für den Torpedo-Rammkreuzer »Kaiserin Elisabeth«, der zu den modernsten Schiffen der kaiserlichen Marine gehörte. Nach anfänglichem Zögern stellte Kaiser Franz Joseph das Schiff für die große Reise zur Verfügung. Bei diesem wichtigen Ereignis durfte die Familie natürlich nicht fehlen. So wurde Franz Ferdinand von Eltern, Brüdern und Schwestern nach Triest begleitet, wo es am Abend vor der Abreise ein entspanntes Familien-Abschiedsessen und, vor allem bei den weiblichen Familienmitgliedern, ein paar heimlich zerdrückte Tränen gab.

Es ist gar nicht so einfach, im knappen Rahmen dieses Buches einen Eindruck zu vermitteln, was der Erzherzog in den nun folgenden Monaten alles erfahren und gesehen haben muss. In nicht ganz zehn

Der Erzherzog im Kreis der Besatzung der »SMS Kaiserin Elisabeth«

Monaten hat er ein fast unglaubliches Programm absolviert. Da ja bei meinem virtuellen Rundgang mit Ihnen die Person meines Urgroßvaters im Mittelpunkt stehen soll, nicht die Aufzählung von Daten seines Werdeganges, bleibe ich bei den wichtigsten Stationen seiner Weltreise.

Die Route führte von Triest über den Suezkanal nach Ceylon und Bombay, dann auf dem Landweg weiter bis zum Fuß des Himalaya; weiter von Kalkutta über Singapur zu den vier großen Sunda-Inseln, von denen ihn Java besonders faszinierte. 18 Tage lang erforschte er dort das Landesinnere, bestieg den Vulkan Papandajan, nahm an einigen Jagden teil und verabsäumte es vor seiner Abreise auch nicht, den damals berühmten botanischen Garten in Buitenzorg zu besuchen. Als ausgezeichneter Kenner der Botanik war er einerseits von den über 9000 verschiedenen Pflanzenarten fasziniert, andererseits aber auch etwas enttäuscht. Er hatte sich eine üppigere und vielfältiger blühende Pracht erwartet.

Weiter ging es nach Australien, von dort nach Neukaledonien und zu den Solomon-Inseln, einer südöstlich von Neuguinea gelegenen Inselgruppe. Die nächste Station war Borneo, dann führte der Weg zurück nach Singapur und von dort weiter nach Hongkong, das damals einer der wichtigsten Handelshäfen der Welt war. Mit ihrem regen Treiben und den von früh bis spät aus- und einlaufenden Schiffen in allen Größen und Formen aus aller Herren Länder faszinierte ihn diese Stadt ganz besonders. Die begeisterte und sehr lebendige Schilderung in seinem Reisetagebuch lässt keinen Zweifel aufkommen: Dort wäre der Erzherzog gerne länger geblieben, und sei es nur, um tagelang dem buntem Treiben im Hafen zuzusehen. Sein späteres großes Interesse für die Schifffahrt im Allgemeinen und die Marine im Besonderen resultiert sicher aus seiner Reise, die er ja zum großen Teil auf dem Wasserweg zurücklegte.

Schließlich reiste er nach Japan weiter. In Yokohama ging der Erzherzog von Bord der »Kaiserin Elisabeth«, um auf dem kanadischen Dampfer »Empress of China« weiterzureisen und die nächsten Stationen zu erreichen, Vancouver und Nordamerika. Die United States of America »erledigte« er sozusagen im Durchmarsch: Yellowstone-Nationalpark, Niagara-Fälle, Chicago, New York. Von dort ging es schließlich per Schiff nach Frankreich und als letzte Etappe wurde im Oktober die Rückreise über Le Havre, Paris und Stuttgart nach Wien angetreten.

»Als der Zug in Braunau die Gemarkung der schwarz-gelben Grenzpfähle erreichte und ich mich wieder in Österreich wusste, war mein Herz von Freude erfüllt, die sich in dem Maße steigerte, als der Orient-Express, die wohlbekannten schönen Gefilde Ober- und Niederösterreichs durchfliegend, sich dem Herzen der Heimat näherte [...] Wohlbehalten bin ich von der langen Fahrt um die Erde heimgekehrt. Dankbarkeit gegen die Vorsehung im Herzen, begrüßte ich sie nach Jahresfrist wieder – die alte, ewig junge Kaiserstadt.«

Warum ich diese Stelle im Reisetagebuch meines Urgroßvaters so wichtig finde? Weil bei all seiner Sehnsucht nach der großen, weiten Welt, bei allem Forscherdrang und dem andauernden Bemühen, die Kleingeistigkeit und Bequemlichkeit der typisch österreichischen Seele hinter sich zu lassen, doch die Liebe zur Heimat stärker war als

Auch auf der Weltreise frönte Franz Ferdinand seiner Jagdleidenschaft, hier bei der Tigerjagd in Indien.

alles andere. So hatte er wohl bereits eine innere Unruhe gespürt, als er gegen Ende seiner Reise in Amerika unterwegs war. Kein Zufall, dass er dort nur noch im Blitztempo die für ihn interessantesten Stationen besuchte. Der »Stallgeruch« war für ihn bereits da, das gute Gefühl, dass es einen Ort gab, wohin er gerne zurückkam, wo er sich wohl fühlte und die Gewissheit hatte, in vertrauter Umgebung sein zu können: Heimat eben.

Die Sehnsucht nach mehr

Was wir hier im Schloss Artstetten zeigen können, ist verständlicherweise nur ein Bruchteil dessen, was mein Urgroßvater von seinen Reisen mitgebracht hat. Vieles davon ist in Wien im Naturhistorischen Museum sowie im Museum für Völkerkunde zu sehen. Es ist beachtlich, welch verschiedene Souvenirs aus allen Teilen der Welt er zusammengetragen hat. Wenn Sie also Muschelketten und Tierfiguren, Schilde und Speere, botanische Behälter und Hüte, Tierpräparate und Bumerangs betrachten, bedenken Sie, dass Franz Ferdinand dies alles vor über 100 Jahren persönlich gesammelt hat. In einer der Vitrinen sehen Sie zum Beispiel Erinnerungen aus China, Japan und Indien. Heute sind diese Gegenstände größtenteils Leihgaben aus dem Wiener Museum für Völkerkunde.

Vom Teegeschirr über einen Tropenhelm, vom Sonnenschirm über fein ziselierte Gefäße bis zum reich verzierten Köcher aus Holz, alles hat der Erzherzog persönlich ausgesucht und nach Österreich gebracht. Während wir uns also heute in der Economy Class bei Langstreckenflügen in die Gefahr einer Reisethrombose begeben und bei 20 kg Freigepäck nicht viel mehr als eine kleine Lackdose aus Myanmar oder einen kleinen Stein-Skarabäus aus Ägypten mitbringen, hatte Erzherzog Franz Ferdinand Zeit und (Stau)Raum genug, seine Forschungen intensiv zu betreiben, wunderbare Sammelstücke von großem historischem Wert zusammenzustellen und den interessierten Daheimgebliebenen doch einiges vom Duft der großen, weiten Welt zu vermitteln.

Natürlich haben wir uns in der Familie oft die Frage gestellt: Was hat ihn getrieben, woher kam Franz Ferdinands Unruhe? Seine Sehnsucht nach »draußen«? Und wie hat er es geschafft, auch gegen den anfänglichen (großen!) Unwillen seines Onkels, Kaiser Franz Josephs, diese Weltreise durchzusetzen? Wahrscheinlich hat sein kränkelnder Gesundheitszustand geholfen, den strengen Onkel zu überzeugen, aber auch die taktisch kluge und gut argumentierte Fürsprache seiner Tante, Kaiserin Sisi. Sie selbst war eine Getriebene, die von fernen Ländern träumte und der das steife Hofzeremoniell massiv gegen den Strich ging. Eine Seelenverwandte Franz Ferdinands, ist man versucht zu denken, und damit auch eine Verbündete an höchster Stelle.

Es steht außer Frage, dass mein Urgroßvater schon von Jugend an äußerst interessiert an der Natur und an der Jagd war. Ebenso, dass ihn Neuerungen fasziniert haben, dass Forschung und Dokumentation für ihn mehr als nur Steckenpferde waren. Er war ein Unruhegeist, der mehr wollte als das Alltägliche. Ein Voraus- und Querdenker, der es sich in den Kopf gesetzt hatte, »rechtzeitig« möglichst viele seiner Vorstellungen umzusetzen. Neues kennenzulernen, seiner Zeit, wenn möglich, voraus zu sein. Niemals auf der Stelle treten, dem Alltäglichen entrinnen, lautete seine Devise. Und was er wirklich wollte, das bekam er auch. Das zeigt nicht nur das Beispiel dieser für damalige Begriffe fast unglaublichen Weltreise, sondern auch die später bewiesene Konsequenz bei der so schwierigen Entscheidung für seine Heirat mit Gräfin Sophie Chotek.

Der Blick über den Tellerrand war ihm immer ein Anliegen. Wer weiß, vielleicht hat er geahnt, dass er kein hohes Alter erreichen würde? Das latente Bewusstsein einer Krankheit, die er im Blut hatte, die wie ein Heckenschütze darauf lauerte, zuschlagen zu können – auch dieser Aspekt muss ihn getrieben haben, seine Möglichkeiten, so gut es ging, auszunutzen.

Beim Antritt der Weltreise gab es noch keine sichtbaren Anzeichen für die bald darauf in aller Härte ausbrechende Lungenerkrankung, die er von seiner Mutter übertragen bekommen hatte. Zwei Jahre nach seiner Rückkehr in die Heimat jedoch war sein ganzes Dasein von der Krankheit bestimmt. Sie hätte den Erzherzog beinahe das Leben gekostet.

Die Jagd als große Leidenschaft

Weltreisender, Jäger und Sammler: Das beschreibt wohl die Lebensphase des Erzherzogs in der Zeit vor den massiv auftretenden Lungenbeschwerden am besten. Und damit sind wir auch schon beim nächsten Stichwort. Mein Urgroßvater war wie erwähnt seit seiner Kindheit ein begeisterter Jäger. Bei den Habsburgern, und überhaupt beim Adel, hatte die Jagd eine jahrhundertelange Tradition. Sie wurde vor allem zur körperlichen Ertüchtigung, zum Aufenthalt in der freien Natur und natürlich auch für das Training im Umgang mit der Waffe genutzt. Von Kindesbeinen an gehörte die Jagd zum adeligen Leben dazu. Ein nicht zu unterschätzender Vorteil bestand darin, dass jede Jagd eine willkommene Gelegenheit bot, mit Gleichgesinnten ganz legal aus dem Repräsentationsalltag fliehen zu können. So diente sie den immerzu normenkonform Lebenden als eine Art Ventil, als Befreiung von höfischen Ritualen, Zwängen und Vorschriften.

Die Jagdleidenschaft der Habsburger hat bis heute Auswirkungen. Mittelbar ist ihr zu verdanken, dass es die teilweise völlig naturbelassene Aulandschaft an der Donau und die grüne Lunge der Stadt

Wien, den Wienerwald, gibt. Dass der Lainzer Tiergarten an der Westeinfahrt Wiens von einer Mauer umgeben ist, hat übrigens seinen Grund darin, dass Josef II. mit dieser Einfriedung Wildschäden an den Feldern und Gärten der Bauern so gering wie möglich halten wollte.

Erzherzog Franz Ferdinand 28-jährig bei seiner geliebten Jagd in Lölling in Kärnten (1891)

Seit Jahrtausenden ist die Jagd Bestandteil des menschlichen Lebens, sie ist ein historisches, soziologisches und philosophisch-ethisches Phänomen. In grauer Vorzeit diente die Jagd ausschließlich der Beschaffung von Nahrung, für die höfische Jagd aber war allerdings auch und vor allem die Abschussliste von großer Bedeutung. Ab dem 19. Jahrhundert gab es jedoch einen Wertewandel. Das Naturempfinden stand bei der Jagd immer mehr im Vordergrund.

Franz Ferdinand kam das sehr entgegen, denn er war ein ausgezeichneter Schütze, aber auch ein begeisterter Naturliebhaber. Erinnern Sie sich noch an meine Erzählung im Kapitel »Die Frage nach

dem Anfang«? Schon als kleiner Junge erkannte er, dass er bei gewissen Sportarten gegenüber seinem jüngeren Bruder das Nachsehen hatte. Bei der Verwendung der Waffe aber war er eindeutig überlegen. Dazu beschäftigte er sich intensiv mit der Ballistik und absolvierte immer wieder ausdauernde und konsequente Schießtrainings. So wurde er zu »Europas bestem Jagdschützen«. Dass er diesem Ruf auch gerecht bleiben wollte, zeigt die so oft zitierte Gesamtzahl an Abschüssen, die er im Laufe seines Lebens getätigt hat. In 36 Jagdjahren kam er auf kolportierte über 270.000 Stück Wild, im Schnitt also etwa 7500 pro Jahr.

Auch Kaiser Franz Joseph war ein begeisterter Jäger, wie auch der viel besungene Erzherzog Johann. Das von diesem im Jahre 1840 erworbene südwestlich von Graz gelegene Schloss Stainz ist heute übrigens ein weit über die steirischen Grenzen hinaus bekanntes Jagdmuseum. Die von Franz Ferdinand erlegten Tiere waren präzise getroffen und mussten nicht qualvoll verenden. Aufgrund der sehr hohen Wildbestände in Österreich war das Waidwerk eine notwendige Maßnahme. Franz Ferdinands Jagdleidenschaft erschöpfte sich auch nicht in Abschusslisten. Er legte im Laufe der Zeit zum Beispiel eine Jagdbibliothek an, die ihresgleichen suchte. Seine Jagdtagebücher und die sehr genauen Beschreibungen der Tierwelt und der Natur zeugen von seiner Begeisterung für das Waidwerk und dessen Einfluss auf Kultur und Brauchtum.

Der Thronfolger 49-jährig bei der Jagd in Lölling (1904)

Der Nizam von Hyderabad beim Anvisieren der Rupien

Der Thronfolger sorgte dafür, dass er beim Schießen nie aus der Übung kam. Zu Jagden wurde er immer wieder gerne geladen, die Jagdveranstaltungen des Hauses Habsburg waren legendär. Seine ruhige Hand und unglaublich präzise Treffsicherheit führten auch zu einem der ungewöhnlichsten Wettbewerbe, die zur damaligen Zeit stattfinden konnten. Am Abschluss dieses Kapitels darf die Geschichte mit den Rupien nicht fehlen: Seine Weltreise führe den Erzherzog unter anderem zum Nizam, dem muslimischen Herrscher des Fürstenstaates Hyderabad, der als bester Schütze Indiens bekannt war. Was lag also näher, als die Probe aufs Exempel zu machen? Der Wettbewerb begann auf einer relativ einfachen Ebene, dem Zielen auf Glasflaschen und kleine Tonkugeln. Irgendjemand kam dann jedoch auf die Idee, Münzen in die Luft zu werfen und auf diese winzigen beweglichen Ziele schießen zu lassen. Es kam, wie es kommen musste: Der Nizam verlor. Die beiden von Franz Ferdinand in der Luft getroffenen Rupien befinden sich heute noch in Artstetten.

Erzherzog Franz Ferdinand und der Nizam von Hyderabad

Im Fegefeuer

Bereits Ende Oktober 1888 war Erzherzog Franz Ferdinand zum Major befördert und zum Infanterieregiment Nr. 102 »Freiherr von Catty« in die »Goldene Stadt« versetzt worden. Prag war damals nicht nur ein Schmelztiegel von Künstlern und Nachwuchsliteraten, die das Flair dieser wunderschönen alten Stadt nachhaltig prägten. Die zweite Hälfte des 19. Jahrhunderts war auch eine Zeit des wirtschaftlichen Aufschwunges. Im Jahr 1851 war das Nationaltheater errichtet worden. Eine ganze Generation von Komponisten und gestaltenden Künstlern machte von sich reden. Unvergessen sind zum Beispiel die wunderbaren Melodien Antonín Dvořáks oder Smetanas wie »Die Moldau« aus dem sinfonischen Zyklus »Mein Vaterland«.

Die Zeit in Prag

In dieser Blütezeit durfte sich Franz Ferdinand also in der böhmischen Hauptstadt einrichten. In einer Stadt, in der die Habsburger seit 1526 fast ununterbrochen die Thronfolge innehatten, war es nicht allzu schwer, sich heimisch zu fühlen – wäre da nicht die Sprache gewesen. Einerseits gab es damals in Böhmen zwar kein Weiterkommen ohne die deutsche Sprache. Erst Mitte des 19. Jahrhunderts hatte Prag seine deutschsprachige Mehrheit verloren, vor allem durch den starken Zuzug aus den Ortschaften im näheren Umland. Andererseits jedoch wurde von einem Mitglied der kaiserlichen Familie erwartet, Tschechisch, das aufgrund der politischen Verhältnisse auch eine der Landessprachen der Monarchie war, zu verstehen und zu sprechen.

Während Kronprinz Rudolf bei vielen Gelegenheiten seine Vorliebe für die Slawen betonte und fließend Tschechisch parlieren konnte, verhielt es sich beim Erzherzog eher umgekehrt. Das Regiment, dem er als Stabsoffizier vorstand, bestand zu neun Zehntel aus tschechischen Soldaten. Es wäre also naheliegend und ratsam gewesen, ihre Sprache gut zu beherrschen. Franz Ferdinand war jedoch generell kein ausgesprochenes Sprachentalent, seine Begabungen lagen eher im naturwissenschaftlichen Bereich. Also konnte er Tschechisch gerade einmal »zum Dienstgebrauch genügend«, wie es in seiner damaligen Qualifikationsliste so schön heißt.

Wir kennen das Phänomen aus unserer eigenen Schulzeit. Schüler, die in Mathematik, Physik, Chemie und Biologie gut sind, haben oft bei den Sprachen gewisse Defizite und umgekehrt. Die Allroundgenies, die wirklich alles gut können, sind eher dünn gesät. Ich habe volles Verständnis für den Erzherzog, der großes Interesse an der Natur und der Physik, wie überhaupt an technischen Neuerungen hatte, dafür aber nur begrenztes Interesse am Erlernen von Sprachen zeigte.

Umso bemerkenswerter allerdings seine Gabe, zielsicher immer das Wesentliche einer Aufgabe oder einer Situation zu erkennen. Das war in Prag nicht anders. Sein außergewöhnlich scharfer Verstand war bereits zu seinem Dienstbeginn als Leutnant aufgefallen. Und wo sein Wissen Lücken aufzuweisen hatte, versuchte er durch konsequentes Selbststudium diese so gut wie möglich zu schließen. Seine Begabung für das Strategische und für exaktes, militärisches Denken war auffallend und sollte ihm später noch sehr zugutekommen.

Dunkle Schatten

Es ist eine traurige Ironie des Schicksals, dass er eine der schlimmsten Nachrichten, die er in seinem Leben bekommen sollte, ausgerechnet in Prag erhielt. Er hatte sich gerade gut eingelebt und konnte auf dem Hradschin sehr schön wohnen, in jenen Räumlichkeiten, die

Aufbahrung von Kronprinz Rudolf in Schloss Schönbrunn. Neben den Eltern (Kaiser Franz Joseph und Kaiserin Elisabeth) waren auch Rudolfs Witwe, Erzherzogin Stephanie, und seine Tochter, Erzherzogin Elisabeth, anwesend (zeitgenössische Illustration).

zehn Jahre zuvor Kronprinz Rudolf als Oberst bewohnt hatte. Die Atmosphäre der Stadt mit den vielen Türmen, der romantischen Kleinseite und der prachtvollen Lage an der Moldau hatte es ihm schnell angetan. Doch gerade dort, wo er sich so schnell wohl fühlte, fielen erste dunkle Schatten auf sein Leben.

Sein Lieblingscousin, Kronprinz Rudolf, der fast wie ein Bruder zu ihm war, verübte Anfang 1889 Selbstmord. Die Tragödie ist hinlänglich bekannt und wurde in unzähligen Büchern in allen Facetten dargestellt. Für Franz Ferdinand bedeutete sie, dass sein wohl bester Freund plötzlich nicht mehr da war. Das Telegramm vom 30. Jänner 1889 mit der Todesnachricht sollte nicht nur sein privates, sondern auch sein gesamtes berufliches Leben von Grund auf verändern. Damals für ihn noch nicht erkennbar, nahm sein Schicksal ab diesem Zeitpunkt einen dramatischen Verlauf. Der Tod des Kronprinzen war ein harter Schlag für meinen Urgroßvater. Seine Weltreise 1892/93 war auch, neben aller Sehnsucht nach der großen, weiten Welt und der damit verbundenen Horizonterweiterung, ein Aufbruch zu neuen Ufern im wahrsten Sinne des Wortes.

Es wird ernst

Nach seiner Rückkehr von der zehnmonatigen Weltreise begann Franz Ferdinand wieder zu kränkeln, was zunächst auf die Strapazen der langen Reise zurückgeführt wurde. Bald aber war es offensichtlich und Dr. Hermann von Schrötter, hoch anerkannter Facharzt für Lungenheilkunde, sprach es in einer Privataudienz bei Kaiser Franz Joseph offen aus. Die Lungenkrankheit des Erzherzogs war weder geheilt noch aufgehalten worden. Eine beängstigende Diagnose! Es galt, möglichst umgehend eine perfekt auf die Situation abgestimmte Therapie für den prominenten Patienten zu finden und durchzuführen.

Sämtliche Warnungen und Vorschläge des daraufhin zusammenarbeitenden Ärzteteams schlug Franz Ferdinand jedoch in den Wind. Das Wort »Krankheit« hatte er inzwischen wohl zu oft gehört. Vielleicht wollte er auch einfach nicht wahrhaben, wie es um seine Gesundheit tatsächlich stand. Es passt zu meinem Urgroßvater, kein angenehmer Patient zu sein, umso weniger, als er sich ja gar nicht als »krank« ansah. Er hatte die seiner Meinung nach viel wichtigere Aufgabe, die Unmengen von Material, die er von seiner Weltreise mitgebracht hatte, zu ordnen und zu katalogisieren, sein Reisetagebuch zu sichten und als Manuskript für eine geplante Veröffentlichung zu bearbeiten. Und schließlich trat er im April 1894 seinen Dienst als Infanterie-Brigadier in Budweis an.

Ausflug ins Paradies

Vor dem geistigen Auge echter Bierkenner tut sich jetzt wahrscheinlich der hübsche Hauptplatz von České Budějovice auf, und dazu ein kühles, frisch gezapftes Budweiser. In der »Tschechischen Aktienbrauerei« wird es seit 1895, in der Region schon seit Jahrhunderten

Trotz seiner schweren Erkrankung ging Franz Ferdinand weiterhin gern auf die Jagd.

hergestellt. Bereits 1265 hatte der böhmische König Otakar II. der Stadt České Budějovice das Braurecht verliehen.

Die Versetzung nach Budweis hatte der Erzherzog aus gutem Grund und in weiser Voraussicht bereits von seiner Weltreise aus organisiert. Rein geografisch gesehen war sie mehr als verständlich. Denn dort konnte Franz Ferdinand in der Nähe seiner böhmischen Besitztümer Chlumetz sowie Konopischt sein, die ihm besonders ans Herz gewachsen waren. Konopischt, das mit seinen vielen Türmen und dem markanten Baustil mit unserem Schloss Artstetten durchaus vergleichbar ist, hatte es ihm vor allem angetan. 60 km südlich von Prag gelegen war es von der Familie Lobkowitz käuflich erworben worden, wobei sich der Kaufpreis damals nach der auf dem Grundstück befindlichen Anzahl der Bäume eines bestimmten Alters richtete. In Konopischt ließ Franz Ferdinand einen 300 ha großen Park errichten, der kaum mit anderen Anlagen dieser Zeit verglichen werden konnte.

Der Thronfolger verwirklichte dort wohl seine persönliche Vorstellung vom Paradies. Beflügelt von der prachtvollen Üppigkeit und der Vielfalt exotischer Pflanzen und seltener Bäume, die er während seiner Weltreise kennengelernt hatte, ließ er gründlich roden, um den Schlosspark anschließend mit ausgesuchten Bäumen, Sträuchern und Tausenden Rosen in einen fantasievollen Wundergarten zu verwandeln. So hat Franz Ferdinand in Konopischt seiner Begeisterung für die Natur ein wunderbares Denkmal gesetzt. Die Waffensammlung der Familie d'Este befindet sich heute noch dort.

Was der Umgebung des Erzherzogs besonders auffiel in jener Zeit: Der mittlerweile 31-Jährige war sehr ernst geworden, er verzichtete bewusst auf »würdiges Gehabe« und gab sich im Umgang mit seinen Mitmenschen höflich, korrekt und zuvorkommend. Gepflegt und elegant, so wird er beschrieben. Im Gespräch ist er immer voll und ganz auf das Thema konzentriert, um das es gerade geht. Wenn ihm etwas gegen den Strich geht, ist es allerdings vorbei mit der Höflichkeit und Selbstbeherrschung. Gefürchtet sind seine explosionsartigen Ausbrüche und auch seine extreme Strenge, wenn es zu dienstlichen Verstößen kommt. Mit einem Wort: Er ist kein leutseliger, umgänglicher Erzherzog. Die unbeschwerte Jugend ist vorbei, ein erwachsener Mann mit unumstößlichen Prinzipien ist dabei, seinen Platz in der Familie und seine Stellung in der Monarchie zu behaupten. Alle, die mit ihm privat zu tun haben und mit denen er gut auskommt, schätzen ihn sehr. Aber wehe, man macht ihn sich zum Feind!

Fatale Diagnose

Im Frühjahr 1895 wurde klar, dass die Lungentuberkulose, übertragen durch seine leibliche Mutter, Franz Ferdinand endgültig voll im Griff hatte. Um zu demonstrieren, was er damals mitgemacht haben muss und welche Sensation es schließlich bedeutete, dass er dem Tod von der Schaufel springen konnte, möchte ich hier für alle Interessierten einen kurzen Ausflug in die Welt der Medizin machen. Jeder kennt den Ausdruck »Tbc«, wie diese Krankheit heute genannt wird. Es ist erstaunlich, wie weit das ärztliche Wissen um Beginn, Verlauf, Diagnose und Therapie der »Schwindsucht«, wie sie damals hieß, bereits vor über 100 Jahren schon war. Doch was genau bedeutete diese Diagnose für den Patienten?

Tuberkulose ist eine Infektionskrankheit. Sie wird durch das Mykobakterium tuberculosis, eine bestimmte Bakterienart, verursacht. Tuberkulose betrifft in erster Linie die Lunge. Von dort kann sich die Infektion in weiterer Folge über die Blutbahn auch auf andere Organe im Körper ausbreiten. Die Lymphknoten in den Verästelungen der Lunge sowie im Hals können ebenfalls befallen sein. Die Krankheit kann lebensbedrohlich werden. Die Tuberkulose-Bakterien können neben der Lunge vor allem Lungenfell, Knochen, Harnwege, Darm und auch die Haut befallen.

Die Ansteckung erfolgt meist durch das Einatmen infizierter Speicheltröpfchen (Tröpfcheninfektion). Allerdings können infizierte Menschen die Bakterien nur dann an andere Menschen weitergeben, wenn die Tuberkuloseherde in der Lunge einen direkten Anschluss an die Bronchien haben. Das wird als »offene Tbc« bezeichnet. Nicht jeder, der sich selbst infiziert hat, ist also automatisch Überträger der Krankheit.

Am Anfang sind die Symptome eher unspezifisch. Sie können leicht für einen einfachen grippalen Infekt gehalten werden. Der Patient ist laufend müde, hat keinen Appetit und nimmt daher auch ab, hat ständig leichtes Fieber und klagt über Nachtschweiß. Typisch ist auch ein ständiges leichtes Hüsteln, ohne dass es aber zu viel »Auswurf« kommt. Ist das Rippenfell in Mitleidenschaft gezogen, kann es auch atmungsabhängig zu ständigen Schmerzen kommen. In fortgeschrittenem Stadium hustet der Kranke Blut, im Extremfall kann es zu einem »Blutsturz« kommen.

Heute ist eine erfolgreiche Behandlung mit sogenannten Antituberkulotika im Rahmen eines längeren stationären Aufenthaltes in der lungenfachärztlichen Abteilung eines Krankenhauses möglich. Damals aber, vor über 100 Jahren?

Hoffnung

Obwohl die Krankheit und ihre Symptome den Menschen schon seit Jahrtausenden bekannt sind (die Chinesen etwa kannten bereits 2700 vor Christus ein Krankheitsbild, das »Cao-ping« genannt wurde), steht die Heilbarkeit der Tuberkulose erst seit relativ kurzer Zeit fest. Einen Meilenstein setzte Hermann Brehmer 1856 mit seiner Dissertation »Die Gesetze und die Heilbarkeit der chronischen Tuberculose der Lunge«.

Ab diesem Zeitpunkt gab es Hoffnung. Die Wirkung von Sanatorien und Lungenheilstätten wurde anerkannt. Bereits 1841 gründete Luzius Ruedi in Davos eine Anstalt für tuberkulosekranke Kinder. Das erste deutsche Sanatorium (Gerbersdorf) entstand in Schlesien, weitere folgten, und die von Bremer empfohlene »Freiluft-Liegekur«, verbunden mit einer äußerst streng überwachten Lebensweise (Disziplin , Keuschheit, Hygiene sowie sechs Mahlzeiten am Tag), wurde zum Haupttherapeutikum zwischen dem letzten Viertel des 19. und der Mitte des 20. Jahrhunderts. Ein weiterer Meilenstein war Robert Kochs 1882 veröffentlichte Erkenntnis, dass Tbc eine übertragbare Erkrankung ist. Also keine Erbkrankheit, sondern eine durch den Tuberkelbazillus hervorgerufene Infektionskrankheit.

Diese Erkenntnisse fielen genau in die Zeit, in der die vorerst schleichende letztendlich zu einer manifesten Erkrankung Franz Ferdinands wurde. Bei allem Unglück, an Tuberkulose erkrankt zu sein, waren es gerade die damals eben erst bekannt gewordenen medizinischen Errungenschaften, die wesentlich zur Genesung des Erzherzogs beitragen konnten.

Mein Urgroßvater wurde zunächst nur symptomatisch, das heißt in erster Linie in Hinsicht auf das schleichende Fieber und den Husten, behandelt. Einige Jahre lang war nur der kränkelnde Zustand des Erzherzogs auffallend, die finale Diagnose »Lungentuberkulose« fehlte jedoch noch. Zwischen Mai und Juli 1891, also eineinhalb Jahre vor seiner Weltreise, wurden ihm mehrfach Antipyrin zur Fiebersenkung sowie Morphiumpulver gegen den quälenden Hustenreiz verschrieben. Auch von Borwasserbehandlungen für die Augen war die Rede. Aus einem Schreiben Erzherzog Friedrichs an Franz Ferdinand geht allerdings hervor, dass damals auf diese Art eine Maserninfektion behandelt wurde. Wie schon des Öfteren, trat nach einiger Zeit wieder eine temporäre Besserung des Gesundheitszustandes ein.

Dr. Victor Eisenmenger – für viele Monate Wegbegleiter des Erzherzogs

Das Leiden beginnt

Nach der großen Reise jedoch ging es merklich bergab. Mit voller Wucht traf die Tbc den Erzherzog dann im Frühsommer 1895. Es ging ihm so schlecht, dass er von sich aus die Ordination von Professor Schrötter aufsuchte, der das Sputum des hohen Patienten von seinem Assistenten, Dr. Victor Eisenmenger, untersuchen ließ. Das niederschmetternde Resultat: eine ungewöhnlich hohe Anzahl von Tuberkelbazillen.

Der Erzherzog war zwischenzeitlich nach Chlumetz abgereist und Dr. Eisenmenger wurde ihm als behandelnder Arzt nachgeschickt. Er erinnerte sich später an diese Begegnung noch sehr genau:

»Ein hochgewachsener, magerer, blasser Mann in etwas schlaffer Haltung mit fieberglänzenden, hellblauen Augen stand vor mir. Ich nahm eine genaue Untersuchung vor. Der Befund war ein sehr ernster: hohes Fieber, rasche Gewichtsabnahme, an der rechten Lungenspitze ziemlich ausgebreitete tuberkulöse Veränderungen. Auch die linke Spitze war suspekt.«

Dem Erzherzog war klar, dass rasch gehandelt werden musste. Die Umstände zwangen ihn wohl, den Ernst der Lage voll und ganz zu erfassen. Von einem Aufenthalt in einem Spezialsanatorium wollte er allerdings auf keinen Fall etwas wissen. Der alternative Vorschlag Dr. Eisenmengers klang für ihn schon vernünftiger: eine Kur in ständiger Begleitung und Überwachung durch einen eigenen Arzt, allerdings über einen Zeitraum von mindestens einem Jahr gehend.

Am 30. Juli 1895 war endlich auch Kaiser Franz Joseph über den ernsten Zustand seines Neffen informiert worden. Am 2. August schrieb er einen fast rührenden Brief voller Anteilnahme. Er zeigt, dass Kaiser Franz Joseph erst zufällig vom kritischen Gesundheitszustand seines Neffen erfahren haben musste und straft Gerüchte, dass der Kaiser und sein Neffe Franz Ferdinand miteinander nicht wirklich konnten, Lügen.

»Lieber Franz!
Dein Brief vom 30. Juli, für welchen ich innigst danke, hat mich recht schmerzlich berührt. Ich wusste gar nicht, dass Du schon längere Zeit erkrankt seiest und erst durch Franz, der Dich auf der Eisenbahn begegnet hatte, erfuhr ich Deinen leidenden Zustand [...] Ich muss Dich dringend aufmerksam machen, dass es Deine heiligste Pflicht ist, jetzt nur für Deine Gesundheit zu leben [...] Du musst baldmöglichst an einen stillen Gebirgsort ziehen, dort ganz ruhig bleiben [...] vor allem aber den Weisungen des Dich begleitenden Arztes genauestens folgen. Nur so kannst Du deine Gesundheit wieder erlangen und ich hoffe, dass Du auch ein wenig mir zulieb geduldig und ausdauernd sein wirst, wenn es auch recht langweilig sein wird. In treuer Freundschaft Dein Dich innigst liebender Onkel Franz Joseph.«

Dieser fürsorgliche, gut gemeinte Brief dürfte seine Wirkung nicht verfehlt haben. Mein Urgroßvater fügte sich also ins Unvermeidliche.

Kur-Impressionen

Die Kur begann planmäßig in Südtirol, am Mendelpass bei Bozen, einer traumhaften Gegend mit herrlichem Blick über das fruchtbare Tal mit Weinbergen, Obstplantagen und schönen Südtiroler Bauernhäusern. Ganz offenbar war der Zustand des Erzherzogs wirklich sehr schlecht und er ahnte, dass es jetzt um sein Leben ging. Irgendwie musste er sich aber doch beschäftigen, denn tagaus, tagein nur Liegen und Nichtstun war für Franz Ferdinand eine unerträgliche Vorstellung. Ich kann mir ein leises Lächeln nicht verkneifen, wenn ich an den diesbezüglichen Bericht von Dr. Eisenmenger denke.

> ***»Der Erzherzog lag den ganzen Tag im Freien, beschäftigte sich mit Lektüre, Briefschreiben und mit einem kleinen Zimmergewehr, mit dem er einer großen Lärche, die etwa 30 Schritte entfernt war, mit fabelhafter Sicherheit Tausende von kleinen Ästchen wegschoss, so dass sie schließlich so aussah, als ob die Baumschere des Gärtners über sie gekommen sei.«***

Der Kurbeginn in Südtirol, am Mendelpass bei Bozen: Offensichtlich war der Zustand des Erzherzogs damals sehr schlecht.

Das ist wirklich typisch für den Erzherzog! Liegekur und absolutes Ruhegeben waren eindeutig nicht die Therapie seiner Wahl, der er sich so auf seine Weise fügte. Zum Glück zeigten sich bereits nach kurzer Zeit im Sommer 1895 erste Erfolge. Das Fieber sank, schon nach zwei Wochen war nur noch am Abend eine erhöhte Temperatur von 37,5 bis 37,8 Grad festzustellen. Die Freude des Arztes über diesen raschen Fortschritt war groß, gleichzeitig aber begannen die Schwierigkeiten mit dem eigensinnigen Patienten. Fast möchte ich sagen: Wie es nicht anders zu erwarten war. Die Abgeschlossenheit des Hotels, in dem einige bekannte Persönlichkeiten wohnten, wie etwa Wilhelm Röntgen oder der Schriftsteller Felix Dahn, machte ihm ebenso zu schaffen wie lästige Menschen, die ihn erkannten und sich daraufhin wie Kletten an ihn hängten. Franz Ferdinand schaffte es, ihnen hin und wieder zu entrinnen, oder er ertrug ihre Avancen mit der ihm eigenen Ironie.

Was Dr. Eisenmenger nicht entgehen konnte: Stimmung und Gesundheitszustand seines prominenten Patienten hingen erstaunlich oft mit dem Posteingang zusammen. Der Arzt machte eine entsprechende Bemerkung gegenüber Franz Ferdinands Kammerherrn Wurmbrand, für den es naheliegend war, dass wohl ein weibliches Wesen (Original-Ton Wurmbrand: »ein Frauenzimmer«) dahinterstecken müsste. Er ahnte damals bereits, um wen es sich handeln könnte, und machte eine Bemerkung, die so viel bedeutete wie, dass er dieser »das Handwerk legen« werde.

Hier kommt also endlich Gräfin Sophie Chotek ins Spiel, Hofdame bei Erzherzogin Isabella, der Frau Erzherzog Friedrichs (Cousin zweiten Grades Kaiser Franz Josephs). Während Wurmbrand zu seinem eigenen Schaden – denn das verzieh ihm der Erzherzog nie – versuchte, die »drohende« Verbindung zwischen Franz Ferdinand und Sophie zu verhindern, war Dr. Eisenmenger klar, dass hier mehr im Entstehen war als nur eine kleine Liebelei. Fast täglich verfasste der Erzherzog in schöner, gleichmäßiger Handschrift Briefe, deren Adressaten nur der treue Diener Janaczek zu lesen bekam. Dieser war es auch, der dafür sorgte, dass sowohl aus- als auch eingehende Schreiben so rasch wie möglich an ihr Ziel gelangten. Leider ist von jenem Briefwechsel nichts mehr erhalten. Er würde wahrscheinlich eine kleine Bibliothek füllen …

Dass es dem Erzherzog schon damals ziemlich ernst gewesen sein musste mit Gräfin Chotek, zeigt unter anderem eine oft zitierte Bemerkung zu seinem Arzt: »Wenn unsereiner jemanden gern hat, findet sich immer im Stammbaum irgendeine Kleinigkeit, die die Ehe verbietet, und so kommt es, dass bei uns immer Mann und Frau zwanzigmal miteinander verwandt sind. Das Resultat ist, dass von den Kindern die Hälfte Trottel und Epileptiker sind.« Ein wahres Wort, ist man versucht zu denken.

Wann und wo genau der Erzherzog die Frau seines Lebens zum

ersten Mal getroffen hat, ist nicht genau belegt. Es gilt als wahrscheinlich, dass er sie im Spätherbst 1894 auf einer Soireé in Prag kennengelernt hatte. Eine mehr als schicksalhafte Begegnung, die nicht nur den Verlauf seiner Erkrankung, sondern sein gesamtes Leben nachhaltig beeinflussen sollte.

Sie munterte Erzherzog Franz Ferdinand während seiner Rekonvaleszenz mit ihren Briefen auf: Gräfin Sophie Chotek (um 1895).

Die Erkrankung des Thronfolgers war längst kein Geheimnis mehr. Also kamen laufend unaufgefordert Vorschläge zu Behandlungs- und Heilungsmethoden nach Südtirol, kiloweise zum Teil fragwürdige Medikamente und jede Menge Ärzte, die sich in der Hoffnung auf gute Bezahlung oder zumindest einen schönen Orden aus verschiedensten Gründen als Fachleute empfahlen. Das alles ging meinem Urgroßvater immer mehr auf die Nerven. Auch ein Gesunder hätte seine liebe Not gehabt mit Umständen dieser Art. Franz Ferdinands Geduld war jedenfalls am Ende. Seinem Arzt warf er schließlich vor, wie ein wildes Tier eingesperrt zu sein, und in wütender Verzweiflung machte er klar: »Das kann kein Mensch aushalten.« Die Zeit für einen dringend notwendigen Tapetenwechsel war also gekommen.

Am 29. August 1895 traf der Erzherzog wieder in Wien ein und reiste von dort weiter nach Lussin, einer kleinen, ruhigen dalmatinischen Insel, die Urlaubern heute unter ihrem kroatischen Namen Lošinj bekannt ist. Begleitet lediglich von Dr. Eisenmenger und dem treuen Diener Janaczek und ohne den Grafen Wurmbrand, der sich durch seine versuchte »Verhinderungspolitik« in Sachen Gräfin Chotek die Gunst Franz Ferdinands auf alle Zeiten verscherzt hatte.

Lussin war eine gute Wahl. Nicht weit vom Hotel wurden inmitten eines kleinen Olivenhains Liegestühle und Strandkörbe samt Zelt aufgestellt, wo Franz Ferdinand stundenlang sitzen und aufs Meer hinausschauen konnte. Mit der Zeit begann er, kurze Ausflüge zu machen, ohne sich dabei anzustrengen, lernte Land und Leute kennen und engagierte schließlich einen jungen Wiener Maler, Joseph Jungwirth, der hübsche Skizzen vom dortigen Leben anfertigte. Als besonders angenehme Abwechslung empfand er den Besuch Baron

Becks, seines ehemaligen Lektors für Staatswissenschaften, mit dem er lange, angeregte Gespräche führte.

Der Aufenthalt auf Lussin dauerte rund drei Monate. Das Fieber sank und Franz Ferdinand legte wieder an Gewicht zu. Schließlich jedoch begann er – sozusagen erwartungsgemäß – ungeduldig zu werden und laut über die für Dezember bis März geplante Erholungsreise nach Ägypten nachzudenken. Denn aus klimatischen Gründen schien ein Genesungsaufenthalt im Land am Nil zwischen Dezember und März am günstigsten.

Fatale Entscheidung

Von Dr. Eisenmenger begleitet, begann also 1896 die nächste Kuretappe in Alexandrien. Gleich zu Beginn des Aufenthaltes gab es Probleme, die unklugem Verhalten und einer nicht ganz nachvollziehbaren Entscheidung des Erzherzogs zuzuschreiben waren. Von Zweifeln geplagt, ob er jemals wieder gesund werden würde, konsultierte er gleich nach der Ankunft in Ägypten den Leibarzt des Khediven (das war der ägyptische Vizekönig), Herrn Dr. von Becker Bey.

Obwohl sich dieser nach eingehender Untersuchung nicht wirklich eindeutig ausdrückte, war die Botschaft an meinen Urgroßvater zwischen den Zeilen klar: Im Prinzip war er nicht zu retten. Deshalb schadete es auch nichts, wenn man ihm gewisse »Kurerleichterungen« gewährte. Das war Musik in den Ohren des Erzherzogs! Endlich Schluss mit dem faden Einerlei des Herumliegens und Abwartens. Anstatt also Ruhe zu geben und möglichst viel Frischluft zu genießen, stürzte er sich ins lange vermisste Vergnügen. Zusammen mit Erzherzog Eugen und Graf Felix Thun, die zufällig zur gleichen Zeit in Kairo waren, suchte er Basare auf, stöberte in Antiquitätenläden und genoss das Nachtleben in vollen Zügen. Wohl nach dem Motto: Wenn ich schon sterben muss, dann will ich in der Zeit davor noch möglichst viel erleben …

Es war natürlich ein denkbar schlechter Rat, den ihm der ägyptische Hofarzt da erteilt hatte, und die Folgen waren entsprechend. Das Fieber stieg wieder an, der Zustand der zweiten Lungenspitze verschlechterte sich, und ein tuberkuloseverdächtiger Kehlkopfka-

Die Ägypten-Reise im Februar 1896 bewirkte Wunder: Franz Ferdinand war endlich fieberfrei und legte wieder an Gewicht zu.

tarrh, der sich zunächst in zunehmender Heiserkeit äußerte, kam auch noch dazu. Mit einer so dramatischen Verschlechterung seines Zustandes hatte der Erzherzog nicht gerechnet. Es muss eine Art Todesangst gewesen sein, die ihn schließlich zur Besinnung brachte, sodass er wieder auf die Worte seines Leibarztes Dr. Eisenmenger hörte. So wurde die längst empfohlene Erholungsfahrt auf dem Nil begonnen, auf einer sogenannten Dahabije, einem Hausboot.

Zu Beginn war Dr. Eisenmenger sehr zufrieden mit dem Verlauf der Fahrt: »Die erste Zeit auf der Dahabije war wundervoll. Es klappte alles tadellos, die Verpflegung war vorzüglich und das Wetter gleichmäßig schön.« Wie vom Arzt vorausgesehen, wurde es Franz Ferdinand aber bald langweilig, immer nur an Deck zu sitzen und elegisch in die Gegend zu schauen. Also ließ sich der Erzherzog etwas einfallen. Einmal veranstaltete er eine Treibjagd auf Schakale, ein anderes Mal gab es das von Mitreisenden gut gemeinte Engagement zweier Tänzerinnen, die ein wenig Abwechslung an Bord des Schiffes bringen sollten, worüber Franz Ferdinand jedoch weniger glücklich war.

Pech, dass ein Schlechtwettereinbruch folgte, dann wieder war komplette Windstille, die einige Tage lang keine Weiterfahrt ermöglichte. Zu guter Letzt kam ein Wüstensturm auf, der den Aufenthalt im Freien unmöglich machte. So war es kein Wunder, dass die Stimmung von Tag zu Tag gereizter wurde. Schließlich ging das Schiff bei der Insel Elephantine vor Anker. Dort sollte sich der Erzherzog auf Wunsch seines Arztes einen Monat lang auskurieren. Franz Ferdinand jedoch drängte auf die Weiterreise nach Kairo. Nichts schlimmer als das, muss der Arzt wohl gedacht haben: die ungesunde Luft der großen Stadt, dazu städtische Ablenkungen, die ruhige und erholsame Tage unmöglich machten.

Wechselbad der Gefühle

Wenig später kündigte sich Franz Ferdinands geliebte Stiefmutter zum Besuch an und die Stimmung des Erzherzogs verbesserte sich schlagartig.

> ***»Nur 2 Zeilen, da ich Dich Gott sei Dank in wenigen Tagen umarmen kann! Was ich in diesem ganzen Monat ganz allein in diesem Folterwerkzeug des 19. Jahrhunderts, der Dahabye, gelitten habe, kann ich nicht beschreiben, ebenso wie meine Sehnsucht nach Dir! [...] Und nun küsse ich Dir die Hände, freue mich rasend auf Deine Ankunft, die mich vor der Tobsucht rettet!***
> ***Ich bleibe Dein treuer Sohn Franzi«***

Schon wieder zu Späßen aufgelegt: Erzherzog Franz Ferdinand als ägyptische Mumie

Diesen Zeilen ist wohl nichts hinzuzufügen. Die Ankunft der Eltern und der Stiefschwestern im Februar 1896 bewirkte tatsächlich Wunder. Franz Ferdinand war endlich fieberfrei, hatte wieder Gewicht zugelegt und auch der Kehlkopfkatarrh war fast vollständig ausgeheilt. Das Abenteuer Ägypten hatte also durchaus auch sein Gutes mit sich gebracht. So wurde die Riviera als nächste Station des Genesungsprogramms anvisiert. Das Spielcasino von Monte Carlo interessierte Franz Ferdinand nur wenig, dafür fand er umso mehr Gefallen an italienischen Straßensängern, die im Garten des kleinen Hotels, das er dort bewohnte, ihre Lieder zum Besten gaben. Das war einmal etwas anderes und brachte den Thronfolger tatsächlich dazu, wie vorgeschrieben einige Stunden täglich auf dem Balkon liegend zu verbringen.

Von dort ging es nach Territet an den Genfer See, wo sich Franz Ferdinand ebenfalls sichtlich wohl fühlte. Besondere Freude machte es ihm, unerkannt an einem Tisch zu sitzen, die Kurgäste zu beobachten und sie mit ironischem Witz zu beschreiben. Die Idylle hielt jedoch nicht lange an. Das Ende der Kuraufenthalte fern der Heimat war gekommen, denn Franz Ferdinands Vater verstarb im Mai 1896. Im Zuge der Ägyptenreise, die Carl Ludwig mit der Familie unternommen hatte, um seinen Sohn zu besuchen, hatte er auch das Heilige Land aufgesucht. Dazu gehörte für den frommen Mann, Wasser aus dem Jordan zu trinken. In direkter Folge erkrankte er an Typhus, was für den damals noch nicht 63-Jährigen tödlich endete.

Das Begräbnis seines Vaters war für Franz Ferdinand nach langer Abwesenheit die erste, sehr traurige Gelegenheit, wieder ein wenig in das Licht der Öffentlichkeit zu treten. Unmittelbar hinter Kaiser Franz Joseph, der nach dem Tod des Sohnes Rudolf nun auch das Ableben seines Bruders zu beklagen hatte, folgte er dem Sarg. Es war augenscheinlich, dass ihn der Verlust des Vaters, mit dem er sich immer gut verstanden hatte, schwer getroffen hatte. Ein kleines, aber dennoch wichtiges Detail am Rande: In der Liste der Trauergäste findet sich unter anderem auch der Namen »Gräfin Sophie Chotek«...

Der Tod Carl Ludwigs bedeutete, neben Kummer und Trauerarbeit, bedeutende Veränderungen im Leben Franz Ferdinands. Zum einen hatte er das Schloss Artstetten samt dazugehörenden Ländereien und »dem daselbst befindlichen Vermögen« geerbt. Zum anderen lag es auf der Hand, dass der Erzherzog ohne Zweifel der Erste hinter Kaiser Franz Joseph in der Österreichisch-Ungarischen Monarchie und somit der Thronfolger war.

Nichts wie weg

Gesundheitlich noch immer nicht ganz wiederhergestellt, verbrachte Franz Ferdinand nach den Trauerfeierlichkeiten einige ruhige Tage im Kreise der Familie in der Villa Wartholz in Reichenau, vielleicht auch, weil dies ein Lieblingsplatz seines verstorbenen Vaters gewesen war. Die schönen Erinnerungen an unbeschwerte, behütete Kindheitstage werden der Familie geholfen haben, die Trauer langsam zu besiegen. Dennoch sehnte sich der Erzherzog bald nach Einsamkeit. Noch im Juni, wenige Wochen nach dem Tod seines Vaters, zog er sich daher nach Konopischt zurück, wo er freiwillig in selbst gewünschter Abgeschiedenheit und Ruhe die vom Arzt vorgeschriebenen Liegezeiten auf der Terrasse des Schlosses einhielt. Lesen, Briefe schreiben und Pläne für das Haus sowie den Schlosspark entwerfen waren jetzt die Hauptbeschäftigungen.

Da es im Sommer sehr heiß werden konnte in Böhmen, übersiedelte der Thronfolger bald für einige Wochen an einen Ort mit einem Klima, das für ihn in der letzten Genesungsphase ideal sein sollte: nicht zu heiße Sommer und eher milde Winter. Die Wahl fiel daher auf das Jagdhaus in Lölling in Kärnten, das er 1886 vom Gewerken Dickmann erworben hatte. Dazu gehörten auch Besitzungen in Oberwietingberg. Für seine jagdlichen Aktivitäten pachtete er außerdem das 40.000 Joch große Jagdgebiet des Grafen Henckel von Donnersmarck.

Zu dem Revier gehörte auch die in 1600 m Meter über dem Meeresspiegel gelegene Guttaringer Hütte auf der sonnigen Saualpe, eine der schönsten Hütten der Gegend. Von dort gab es einen fantastischen Blick über weite Teile Kärntens. Franz Ferdinands persönlicher Diener Franz Janaczek hatte für gemütliche Einrichtung gesorgt und durch Pferde und Maulesel ständige Verbindungsmöglichkeiten zwischen Berg und Tal geschaffen. Dass die Gegend um Lölling zu den wildreichsten Revieren Europas zählte, war wohl ein weiterer Grund, warum sich der Erzherzog dort wirklich wohl fühlen konnte.

Einer endgültigen Genesung stand nun nichts mehr im Weg. Die von ihm so leidenschaftlich geliebte Jagd war jederzeit und buchstäblich vor der Haustüre möglich. Zeitungen aus aller Herren Länder bekam er durch den bestens funktionierenden Pferdetransport auf der Hütte ebenso zu lesen wie Briefe von jenen Menschen, die er schätzte, von Gräfin Sophie Chotek, aber auch von seiner Stiefmutter, von Beck und natürlich auch von verschiedenen Bekannten am Wiener Hof. Was hätte der Erzherzog damals wohl ohne seinen treuen Diener Janaczek gemacht?

Ursache und Wirkung

Es ist kein Wunder, wenn ein Mensch, der jahrelang an einer akuten Erkrankung mit chronischen Begleiterscheinungen leidet, sich langsam psychisch verändert. Wie fühlen wir uns denn, wenn wir nur zwei Wochen lang an einem grippalen Infekt erkrankt sind und permanent mit Fieber, Kopfschmerzen, Husten und Schnupfen zu kämpfen haben? Man fühlt sich einfach scheußlich. Und auch wenn die Symptome nachlassen, ist man noch nicht über den Berg. Die Rekonvaleszenzphase mit Appetitlosigkeit, körperlicher Schwäche, Müdigkeit, Unwohlgefühl und Antriebslosigkeit ist alles andere als angenehm.

Um wie viel schlimmer muss es aber sein, wenn Wochen, Monate und Jahre vergehen und man beständig mit schweren Krankheitssymptomen, die zum Tod führen können, zu kämpfen hat? Dies noch dazu in dem Wissen, eigentlich für höhere Aufgaben vorgesehen zu sein, diesen aber körperlich (noch) nicht gewachsen zu sein? Im Blickpunkt der Öffentlichkeit zu stehen bedeutet ständiges Beobachtetwerden. Das muss man wollen und man muss es auch verkraften. Als schwer kranker Mensch hat man sicher nicht das Bedürfnis, seine gesundheitlichen Probleme im Rampenlicht der Öffentlichkeit von anderen diskutieren zu lassen.

Auch bei Franz Ferdinand hinterließ die lange Krankheit Spuren. Seine nicht gerade umwerfend freundliche Art, sein grundsätzlich eher misstrauisches Verhalten gegenüber Menschen, die er noch nicht näher kannte, und sein ausgeprägter Wille, zu erreichen, was er wollte: All diese Eigenschaften sind nicht nur im Erbe seiner leiblichen Mutter zu suchen. Diese war ja, für die damalige Zeit untypisch, eine freiheitsliebende und eigenwillige junge Frau gewesen. Viele ihrer Wesenszüge konnte die mit nur 28 Jahren Verstorbene nicht wirklich ausleben, aber die Ansätze waren nicht zu übersehen. Einiges davon hatte sie an ihren ältesten Sohn weitergegeben.

Zu diesem Erbe kam Franz Ferdinands Reaktion auf die jahrelange Krankheit, die für ihn auch bedeutete, kostbare Lebensjahre mit dem Kampf gegen die Tuberkulose zu »vergeuden«. Er wurde unausgeglichen und reizbar. Auf Intrigen bei Hof reagierte er vor allem mit dem unbändigen Willen, seinen Feinden zu zeigen, dass er noch lange nicht weg vom Fenster war. Seinen Mitmenschen gegenüber verschloss er sich verbittert mehr und mehr und kultivierte geradezu sein Misstrauen. Nur sehr selten gab er seine Gefühle preis.

Familie im Fokus

Franz Ferdinand war am Ende seiner Kur in einer äußerst unangenehmen Situation und stand gehörig unter Druck. Einerseits wurde ihm sowohl seitens Kaiser Franz Josephs als auch seiner behandelnden Ärzte zugeredet, sich ordentlich auszukurieren und erst nach völliger Gesundung wieder seine Pflichten beim Militär beziehungsweise später auch solche im Rahmen erster Repräsentationsauftritte für das Kaiserhaus zu übernehmen. Trotz seines zum Teil verzweifelten Widerstandes gegen die Liegekuren, die nichts anderes bedeuteten als monatelanges Nichtstun, was damals als einzig mögliche Therapie gesehen wurde, begriff er, dass dies auf Dauer gesehen wohl seine einzige Chance auf Genesung war.

Andererseits wurde Kaiser Franz Joseph nicht jünger. In einem Brief an Franz Ferdinand vom Juni 1896 kam klar zum Ausdruck, dass sich langsam etwas ändern musste an der Konstellation alternder Kaiser und gesundheitlich angeschlagener Thronfolger:

»Lieber Franzi, durch Deine Mutter erfahre ich zu meiner großen Freude, dass es Dir bedeutend besser geht, dass Du Dich sehr gewissenhaft schonst und dass die Ruhe auf dem Lande sehr wohl tut. Da Onkel Ludwig vom halben Juli bis

15. August im Ausland abwesend sein möchte, so frage ich bei Dir an, ob es Deine Gesundheit gestattet und ob Du überhaupt Lust hast, während dieser Zeit statt ihm jene laufenden Geschäfte zu übernehmen (Gnadenangelegenheiten), welche er und Dein seliger Vater in meinem Namen erledigten. Obwohl dieselben nicht von ganz besonderer Wichtigkeit sind, so habe ich die Zahl derselben wegen meines Alters und zunehmender Ruhebedürftigkeit etwas vermehrt und wünsche, dass auch diesen Arbeiten Sorgfalt und Gründlichkeit gewidmet werde. Solltest Du Dich noch nicht für dieses Geschäft geeignet finden oder der Arzt dagegen Einspruch erheben, so würde ich es Otto übertragen, Deiner Antwort entgegensehend, bleibe ich mit den herzlichsten Grüßen Dein treuer Onkel Franz Joseph.«

Es ist ein rücksichtsvoller Brief, in dem Kaiser Franz Joseph seinen Neffen nicht drängt oder versucht, auf ihn Druck auszuüben. Er zeigt nach wie vor großes Verständnis für die Erkrankung und bietet in offener Kommunikation als Alternative die Übertragung der erwähnten Geschäfte an Franz Ferdinands Bruder Otto an. Das klingt nach einer fairen Lösung zur Zufriedenheit aller.

Die Stunde der Wahrheit

Leider ist nicht bekannt, was Franz Ferdinand auf dieses Schreiben geantwortet hat. Kurz darauf trat, wie vorgeschlagen, Bruder Otto seinen Dienst beim und für den Kaiser an. Franz Ferdinand dürfte sich damals noch nicht wirklich gesund gefühlt haben. Objektiv betrachtet war dies ein absolut korrektes und nachvollziehbares Vorgehen Kaiser Franz Josephs. Aus der subjektiven Sicht des erkrankten »eigentlichen« Thronfolgers war es trotz allem ein Affront. Die Stunde der Wahrheit schien gekommen zu sein.

»Der fesche Otto«, der freundliche Charmeur und lebenslustige Erzherzog und seit Kindheitstagen latenter Konkurrent, war plötzlich dort, wo eigentlich Franz Ferdinand hätte sein sollen. Mit einem beachtlichen Hofstaat, einem Schloss am Augarten und repräsentati-

Der »fesche« und charmante Otto war ein sehr guter Reiter und Fechter.

ven Aufgaben, die seiner Würde entsprachen. Besonders gefördert wurde diese Entwicklung von Außenminister Graf Agenor Gołuchowski, der großen Einfluss bei Hofe hatte. Von ihm stammte auch die Idee einer möglichen Änderung und Neuregelung der Thronfolge. Gewisse Adelskreise, die den beim Volk beliebten Otto sehr gerne in der ihm plötzlich zugedachten Rolle sahen, zeigten ostentativ, wie sehr sie ihn schätzten. Entsprechend dem Zeremoniell konnte es auch durchaus als Anerkennung von Thronfolgerechten aufgefasst werden, dass Otto einen großen Hofstaat samt Obersthofmeister zur Verfügung gestellt bekam.

Erzherzog Otto selbst stand freilich völlig im Gegensatz zu den Hoffnungen jener Kreise am Kaiserhof, die im harmlosen jüngeren Bruder Franz Ferdinands nicht ganz zu Unrecht ein Werkzeug zur Durchführung ihrer eigenen Vorstellungen sahen. Er hatte absolut keine Ambitionen auf den Thron und machte Franz Ferdinand gegenüber daraus kein Geheimnis. Es gibt einen sehr sympathisch ge-

Erzherzog Otto (um 1904)

schrieben Brief von Otto an seinen Bruder, in dem er genau dies bestätigt. Franz Ferdinand hatte jedoch seine eigene Sichtweise der Dinge. In seinen Augen war das Geschehen am Hof eine gegen ihn persönlich gerichtete Intrige. Entsprechend enttäuscht schrieb er sich seine Wut von der Seele, unter anderem in einem Brief an die Fürstin Nora Fugger-Babenhausen vom 19. Dezember 1896.

> ***»Es ist unerhört, was der in seiner Meinung gottähnliche Goluchowski und dessen Konsorten erfinden, um mich zu kränken, vor den Kopf zu stoßen und einfach moralisch tot zu machen […] Jetzt auf einmal bekommt Otto Augarten, Hofhaltung, Hofküche, Lipizzaner in Wien und am***

Lande usw. Bei Gott, glauben Sie mir, es ist nicht Neid, der da aus mir spricht. Ich gönne dem guten Otto, der mich ja immer so unter Tränen um Verzeihung bittet, alles und noch mehr, aber es ist das Gefühl der Gerechtigkeit, das aus mir spricht, und dann das Gefühl, in welchem Lichte ich stehe. Dann bitte: ich bekomme eine Menge Anfragen aus dem Auslande, was ich denn angestellt habe.«

Es lag auf der Hand, dass Franz Ferdinand nicht nur in seinem Stolz gekränkt war. Es wurde ihm auch klar, dass er etwas tun musste und nicht mehr krankheitsbedingt die Dinge ihren Lauf nehmen lassen konnte. Der positive Effekt dieser für ihn so enttäuschenden Zeit: Er hatte den Willen entwickelt, es allen zu zeigen. Plötzlich befolgte er hundertprozentig alle Anweisungen, die sein Arzt ihm gab. Dies blieb schließlich nicht ohne Wirkung.

Von ärztlicher Seite aus war klar, dass das gesunde Überstehen der kalten Wintermonate 1896/97 den Ausschlag für eine endgültige Genesung des erzherzoglichen Patienten geben würde. Die letzten Kurmonate wurden daher in Meran, auf Korsika, in Algier und in Cannes verbracht. Einen Besuch Kaiser Franz Josephs bei seiner Frau, Kaiserin Elisabeth, in Cap Martin nutzte Franz Ferdinand, um den Kaiser zu treffen. Vor allem, um erstmals über außenpolitische Gedanken zu sprechen. Das war leider gar nicht im Sinne Kaiser Franz Josephs, der im Urlaub fern der Politik sein wollte. Er erkannte jedoch, dass es einiges gab, was zwischen Onkel und Neffen ausgesprochen werden musste, nicht nur etwaige Meinungsverschiedenheiten im Hinblick auf Außenpolitik. Nach Wien zurückgekehrt schrieb der Kaiser an seinen Neffen: »Dass Du seit dem Tode Deines Vaters nicht die Stellung einnehmen konntest, die Dir zukommt, lag in Deiner Krankheit [...] Sobald Du vollkommen hergestellt sein wirst, was ja hoffentlich bald der Fall sein wird, wirst Du natürlich die Rechte, aber auch die Pflichten Deiner Stellung einnehmen.«

Genau dieses Schreiben Kaiser Franz Josephs vom 7. April 1897 hält mit der Formulierung »die Stellung, die Dir zukommt« erstmals schriftlich fest, was wohl die faktische Anerkennung als Thronfolger beinhalten musste. Es ist also ein Brief von durchaus historischer Bedeutung.

Franz Ferdinand verbrachte letzte Kurtage in Territet am Genfer See und schließlich in Meran. Wenig später, im Mai 1897, fühlte er sich wieder völlig gesund, was die Ärzte nur bestätigen konnten. Es war ihm auch anzusehen: Mit einem Plus von fast 30 kg Körpergewicht, rundlicheren Gesichtskonturen, ohne Husten und Blutspucken vermittelte er das Bild eines gesunden Mannes, der Zuversicht und Stärke ausstrahlte. Sein eiserner Wille war ein wesentlicher Faktor auf dem schweren Weg vom Todgeweihten zum mitten im Leben stehenden Thronfolger. Franz Ferdinand war zu diesem Zeitpunkt 33 Jahre alt. Höchste Zeit also, ernsthaft über Heirat und Familiengründung nachzudenken. Er wusste damals noch nicht, dass er seinen starken Willen auch in dieser so wichtigen Angelegenheit dringend brauchen würde.

Glück in der Warteschleife

Wie fühlt es sich wohl an, wenn man über eine Menschenmenge hinweg in ein Augenpaar blickt und feststellt: Er ist es. Oder: Sie muss es sein. Wie viel Herzklopfen ist noch dabei, wenn dies einem erwachsenen Mann im Alter von über 30 Jahren passiert? Wie viele »Schmetterlinge« spürt eine Frau im Bauch, wenn sie ein solches Erlebnis als 26-Jährige haben darf? Hört die Welt auf, sich zu drehen, von einem Augenblick zum anderen; verstummen die Gespräche rings umher, hört die Musik auf zu spielen – und gibt es in jenem Moment für diese beiden Menschen nichts und niemand anderen mehr auf unserem Planeten außer sie selbst?

So oder so ähnlich muss es gewesen sein, als Erzherzog Franz Ferdinand und Gräfin Sophie Chotek einander auf einer abendlichen Veranstaltung das erste Mal sahen. Der Erzherzog war in den Augen der heiratsfähigen Frauen eine glänzende Partie. Der klingende Name »stimmte« ebenso wie der finanzielle Background, was nicht zuletzt auch an der estensischen Erbschaft lag. Kein Wunder also, dass viele Mütter vom Thronfolger als dem perfekten Schwiegersohn träumten. Geld, Name und Ansehen waren in adeligen Kreisen die wesentlichen Punkte, die für das Zustandekommen einer ehelichen Verbindung zählten. Sympathie oder gar Liebe waren hingegen üblicherweise irrelevant.

Pech, wenn es in einer adeligen Familie viele Töchter und relativ wenig Geld gab. Der gute Name alleine nützte da gar nichts. Oft blieb in die Jahre gekommenen unverheirateten Mädchen nichts anderes übrig, als »den Schleier zu nehmen« und ins Kloster zu gehen. Zumindest aber hatten sie sich so bald wie möglich nach einem Job um-

zusehen, und das war, wenn man Glück hatte und empfohlen wurde, jener einer Hofdame.

Genau so verhielt es sich im Falle der Gräfin Sophie Chotek. Sie stammte aus böhmischem Uradel und war eine von sieben Töchtern des Grafen Bohuslaw Chotek von Chotkova und Wognin. Dieser genoss in ganz Europa einen ausgezeichneten Ruf als einer jener altösterreichischen Beamten, die aufgrund ihrer Korrektheit und tadellosen Lebensweise auf eine lange Diplomatenkarriere verweisen konnten. Zum Beispiel war es jener Graf Bohuslaw Chotek, der dem belgischen König Leopold II. die Brautwerbung Kronprinz Rudolfs betreffend seiner Tochter Stephanie überbracht hatte. Der Graf war aber nicht nur ein perfekt geschulter Diplomat, sondern auch ein vorbildlicher Familienvater, der seinen Kindern durch erstklassige Hauslehrer die bestmögliche Ausbildung zukommen ließ. Gleichzeitig war es selbstverständlich für die viertgeborene Sophie, für ihren Vater und die jüngeren Geschwister den Haushalt zu führen, da die Mutter, eine geborene Gräfin Kinsky, früh verstorben war.

Gräfin Sophie Chotek (um 1894): »Besonders beeindruckend an ihr sollen die große, dunklen Augen und das schöne kastanienbraune Haar gewesen sein.«

Genau diese Lebensumstände hatten aus Sophie eine selbstbewusste, aber auch bescheidene und früh gereifte Persönlichkeit werden lassen. Eine tüchtige Frau mit Herz und Hirn, würde man heute wohl sagen. Im wohltuenden Kontrast zu den jungen und unreifen aristokratischen Mädchen, die dem Erzherzog immer wieder vorgestellt worden waren, ihn jedoch nicht im Geringsten interessieren konnten. Es waren nicht nur die wunderschönen großen Augen, die den Erzherzog an der Frau seines Lebens von Beginn an faszinierten.

Dieses sehr persönliche Kapitel im Leben meines Urgroßvaters wäre schnell erzählt, wenn es hier nur um nüchterne Fakten ginge. In der Geschichte um die große Liebe seines Lebens steckt aber weit mehr als nur das Aufzählen von Daten und Jahreszahlen. Es geht hier um eine Vielzahl aus heutiger Sicht schwer vorstellbarer erschwerender Umstände, die etwas so scheinbar Einfaches wie die Heirat zweier Menschen, die sich lieben, fast unmöglich gemacht hätten. Es geht um einen beinahe aussichtslosen Kampf, der sich über Jahre hingezogen hat. Um den unerschütterlichen Glauben zweier Liebenden, die füreinander bestimmt waren und die, allen Hindernissen und Schwierigkeiten zum Trotz, schließlich wussten, dass es sich gelohnt hatte, zu kämpfen. Der Lohn für alle Mühen und Plagen war der schönste Preis, den es für Menschen geben kann: eine glückliche Ehe und ein harmonisches Familienleben.

Wir haben hier in Schloss Artstetten viele, zum Teil sehr persönliche Fotos aus dem Familienalbum meiner Urgroßeltern. Bis die beiden endlich miteinander glücklich sein konnten, war es jedoch ein weiter und steiniger Weg. Was für uns selbstverständlich ist – heiraten, wann und wen man will –, war für meinen Urgroßvater ein absoluter Wunschtraum.

Drum prüfe, wer sich ewig bindet

Wir befinden uns also knapp vor der Wende zum 20. Jahrhundert. Erzherzog Franz Ferdinand ist schon längst im heiratsfähigen Alter; seitens des Hofes, insbesondere von Kaiser Franz Joseph, wird erwartet, dass der Thronfolger sich standesgemäß vermählt und mit einer Reihe von Kindern für den Forstbestand der Dynastie sorgt. Der jedoch dachte nicht im Entferntesten daran, das zu tun, was »man« von ihm erwartete. Das »Braver-Sohn-Syndrom«, beziehungsweise in diesem Fall das »Braver-Neffe-Syndrom«, war bei ihm in dieser Phase seines Lebens kaum zu erkennen. Warum also hätte er sich ausgerechnet in der Angelegenheit des Herzens den von außen an ihn herangetragenen Erwartungen entsprechend verhalten sollen?

Aufgrund seiner schweren Lungenkrankheit war er lange Zeit außer Gefecht gewesen. Einerseits hatte er als dauernd kränkelnder, jahrelang von Fieber und Husten geplagter Mensch kaum Lust, sich ins gesellschaftliche Geschehen zu werfen und mit den Society-Girls der damaligen Zeit zu flirten. Außerdem war ihm wohl klar, dass die Gründung einer Familie erst dann Sinn hatte, wenn er wirklich gesund war. Das „Erbe" seiner lungenkranken Mutter sollte nicht auch noch in der nächsten Generation seinen Niederschlag finden. So ist sein Verhalten vernünftig, überlegt und sicher nicht einfach für jemanden, der Angst haben musste, dass ihm die Zeit zwischen den Fingern zerrinnt.

Ganz anders war da sein von ihm so grundverschiedener Bruder Otto. Der hatte alle gut gemeinten Warnungen in den Wind geschlagen, seinen Willen durchgesetzt und bereits im jugendlichen Alter von nur 21 Jahren die 19-jährige Prinzessin Maria Josepha von Sachsen geheiratet. Schon bald wurde Sohn Karl geboren, einige Jahre später ein zweiter Sohn, Max. Es ist wenig verwunderlich, dass die Ehe der beiden nicht glücklich verlief. Die viel zu frühe Bindung wurde dem lebenslustigen Otto schnell zur Last. Selbst dem Kaiser blieb nicht verborgen, dass dieser Neffe nur allzu oft sein Vergnügen außerhalb der eigenen vier Wände suchte. Er war auch sonst kein Kind von Traurigkeit. Nicht nur einmal musste er Pferd und Wagen verkaufen, um Schulden bezahlen zu können. In seiner Not pumpte er schon einmal seinen Onkel Kaiser Franz Joseph an. Der wird spätestens zu diesem Zeitpunkt zu der Einsicht kommen sein, dass Otto – im Fall des Falles – nicht der ideale nächste Anwärter auf den Thron war.

Franz Ferdinand jedenfalls muss sich in seiner langen Rekonvaleszenz- und Genesungsphase wohl geschworen haben: Wenn ich mich einmal binde, dann muss das eine Entscheidung fürs Leben sein, die wirklich hält. Keine flüchtige Liebelei, aus einer Laune des Augenblicks, bei der von vornherein klar ist, dass die Verbindung nicht lange halten kann. Die Entscheidung für einen Menschen, mit dem er durchs Leben gehen wollte, sollte aber auch nicht von Staatsräson und Ahnentafeln geprägt sein wie bei seinem Cousin Kronprinz Rudolf. Er wollte ganz alleine dem Ruf des Herzens folgen.

Auch hier wird einmal mehr klar, dass der Nonkonformist seinen eigenen Weg gehen wollte. Gelegenheit, schlechte Beispiele zu sehen, hatte er mehr als genug. Ohne ins Detail gehen wollen, denn das würde das Thema unserer Ausstellung im Schloss Artstetten wohl sprengen, sei nur so viel gesagt: In der Familie, in der nächsten Verwandtschaft, war es ganz offenkundig, dass die herrschenden Dynastien ihre Kinder untereinander vermählten, um Macht zu erhalten, Frieden zu sichern oder für den Konfliktfall Allianzen zu schmieden. Das persönliche Glück des Einzelnen war da völlig nebensächlich.

Die meisten hohen Söhne und Töchter spielten dieses Spiel wohl oder übel mit. Ganz selten nur traute sich einer oder eine auszubrechen aus dem Muss für Krone, Vaterland und Dynastie. Dass diese wenigen persönlich glücklich wurden, steht außer Zweifel. Dass es aber meist große Schwierigkeiten gab, das Ziel dieses persönlichen Glücks zu erreichen, ebenfalls. Man denke nur an prominente Beispiele wie Erzherzog Johann und die Postmeisterstochter Anna Plochl oder Wallis Simpson und Edward VIII.

Der entscheidende Augenblick

Was also führte Franz Ferdinand und Gräfin Sophie Chotek zusammen? Wer war die große Unbekannte und wieso hat gerade sie sein Herz im Sturm erobert? Dass es so etwas wie Liebe auf den ersten Blick gewesen sein muss, darüber besteht für mich kein Zweifel.

Um jemanden kennenzulernen, gibt es heute wie vor 100 Jahren klassische Möglichkeiten. Private Verbindungen ergeben sich eher selten aus Job, Lehre oder Studium. Heute trifft sich die Jugend auf Partys, in der Freizeit wird gesportelt oder gefeiert. Überall, wo viele Menschen zusammenkommen, ist die Chance, nette Bekanntschaften zu machen, weitaus größer, als wenn man fernsieht, im Internet surft oder Leseabende mit sich selbst veranstaltet. Früher war das nicht viel anders. Vor über 100 Jahren hat man auch schon Tennis gespielt, Feste veranstaltet oder eine »Soirée Dansante« besucht, was nichts anderes als ein Tanzabend war.

Gräfin Sophie, Hofdame bei Erzherzogin Isabella, und Erzherzog Franz Ferdinand, Pressburg 1894

Zur Erziehung eines jungen Erzherzogs gehörte selbstverständlich auch der Tanzunterricht. Wie sich herausstellte, war Franz Ferdinand ein Talent mit gutem Rhythmusgefühl. Er tanzte gern. Nicht zuletzt deshalb war er ein oft gesehener Gast bei solchen Veranstaltungen: ein hochgewachsener, fescher Erzherzog in tadelloser Uniform, die ihm übrigens in jeder Form besonders gut stand. Und dann auch noch einer, der gerne und gut tanzt – perfekt!

Kein Wunder, dass ihn auch bei jener schicksalshaften Soirée in Prag die jungen böhmischen Komtessen umschwärmten. Der damaligen Mode und wohl auch dem zeitgenössischen Schönheitsideal entsprechend waren die Damen eher pausbäckig, rundlich und dem Anlass entsprechend geschminkt, geschmückt und aufgemascherlt (ein herrlicher, typisch österreichischer Ausdruck, der wirklich alles sagt!). Umso mehr fiel eine hochgewachsene, schlanke junge Dame auf, die sich mit ihrem betont schlichten Kleid und dem einfachen Schmuck wohltuend abhob von all den anderen weiblichen Wesen. Besonders beeindruckend an ihr sollen die große, dunklen Augen und das schöne kastanienbraune Haar gewesen sein. Sie war keine Schönheit im klassischen Sinne, aber attraktiv und von Natur aus mit aufrechter Haltung und nobler, zurückhaltender Art gesegnet.

Wenn sich zwei Menschen wirklich finden sollen, dann genügt ein Blick, eine Geste, und alles ist klar. So muss es bei Franz Ferdinand und Sophie gewesen und der Funken an jenem Abend bereits übergesprungen sein. In unserer Familie wird es seit über 100 Jahren so überliefert, und warum sollte ich daran zweifeln? Die Chemie zwischen ihnen muss von Anfang an gestimmt haben, sonst wäre diese Liebesgeschichte nie so beeindruckend schön und alle Hindernisse überwindend ausgegangen.

Ungeduld des Herzens

Unter »normalen« Umständen hätte sich zwischen Gräfin Sophie Chotek und Erzherzog Franz Ferdinand eine einfache Liebesgeschichte mit baldiger Heirat und einem friedlichen, ungestörten Leben auf einem der Schlösser entwickeln können. Der Tod Kronprinz Rudolfs jedoch hatte alles verändert. Aus Erzherzog Franz Ferdinand wurde der Thronfolger. Das Leben vieler Menschen musste in der Folge unter ganz anderen Vorzeichen ablaufen als ursprünglich geplant. Das Schicksal hatte dem durch seine Krankheit schwer geprüften Erzherzog also einen weiteren großen Stein in den Weg gelegt. Vielleicht ist es aber wirklich so, dass wir erst wirklich zu schätzen lernen, was wir uns schwer erkämpfen müssen. Nur eine Liebe, die alle Hindernisse überwinden kann – und im Leben meines Urgroßvaters gab es mehr als genug solche Hindernisse –, ist so stark, dass sie nichts erschüttern kann.

Wie ging es weiter, nachdem Franz Ferdinand einmal Feuer gefangen hatte? Wie schon so oft zuvor in seinem Leben hieß das Motto: Geduld. Wenn auch begleitet von einer großen Ungeduld des Herzens ... Krankheitsbedingt viel im Ausland unterwegs und dabei gezwungenermaßen viel Zeit in Ruhe im Liegen verbringend, war das Briefschreiben eine seiner Hauptbeschäftigungen. Wie bereits beschrieben, entging seinem Leibarzt bereits auf der Mendel in Südtirol nicht, dass sich die Laune und auch das Befinden des Erzherzogs schlagartig besserten, wenn Briefe von Sophie Chotek ankamen.

Gräfin Sophie und Franz Ferdinand beim Tennisspiel in Pressburg

Auch wenn es einige Geschichtsschreiber vielleicht anders sehen mögen – ich lasse mir die Überzeugung nicht nehmen, dass die immer wieder aufmunternden Worte der über ihre Jahre reifen und klugen Gräfin Sophie Chotek ein wesentlicher Bestandteil auf dem Weg zur Genesung Franz Ferdinands waren. Diese kam damals wirklich einem Wunder gleich, denn eine so schwere Tbc wäre unter herkömmlichen Umständen mit hoher Wahrscheinlichkeit tödlich ausgegangen. In den vielen Jahren des Wartens auf Gesundung, in den bitteren Stunden der Verzweiflung, den fieberdurchwachten Nächten muss ihn vor allem der Gedanke an seine »Sopherl« aufrechterhalten haben. Und während dieser langen Zeit muss in ihm die Gewissheit gereift sein: Wenn ich einmal heirate, dann aus Liebe. Und nur diese Frau. Koste es, was es wolle! Die Erfüllung des großen Wunsches der beiden, zu heiraten und eine Familie zu gründen, verlangte jedoch sehr viel Warten, Geduld, übermenschliches Durchhaltevermögen und den Mut, die Hoffnung nie aufzugeben.

Es ist schwer, sich heute vorzustellen, wie dieser wichtigste Kampf im Leben Franz Ferdinands abgelaufen sein muss. Denn bereits vor ihrem jahrelangen Briefwechsel, der kurz nach dem Kennenlernen begann, waren beide nicht mehr ganz jung. Gräfin Sophie Chotek war 26, Erzherzog Franz Ferdinand 31, als sie einander kennenlernten. Sogar heutzutage würde man sagen: das ideale Alter, zu heiraten und Kinder zu bekommen!

Das fatale Familienstatut

In erster Linie wurde den beiden ihr familiärer »Background« zum Verhängnis. Von Erzherzog Franz Ferdinand wurde als Thronfolger aus dem Hause Habsburg-Lothringen erwartet, sich standesgemäß mit einer adeligen Frau aus der Familie eines »regierenden Hauses« zu vermählen, also einer jener Familien, die im »geheimen kaiserlichen österreichischen Familienstatut« vorgesehen waren, das Kaiser Ferdinand I. von Österreich am 3. Februar 1839 erlassen hatte.

In diesem Statut wurden erstmals die rechtlichen Beziehungen der Mitglieder des Kaiserhauses geregelt. Bis dahin waren familiäre Beziehungen auf Basis von »bloßen Gewohnheiten oder zerstreuten Verfügungen«, wie es im Statut so schön heißt, zustande gekommen. In 61 Paragrafen, aufgeteilt auf sechs Titel, werden die Zugehörigkeit zum Erzhaus, die finanzielle Versorgung von nicht regierenden Familienmitgliedern sowie Eheschließungen und Testamente geregelt.

Der Kaiser war Familienoberhaupt und hatte Aufsicht und Entscheidungshoheit über die Familienangelegenheiten. Alle Mitglieder der Familie mussten vor einer Eheschließung seine Zustimmung einholen, wie in Paragraf 15 festgeschrieben: »Kein Prinz und keine Prinzessin Unseres Kaiserhauses darf eine eheliche Verbindung ohne Einwilligung des jeweiligen Familienoberhauptes eingehen.« Der Kaiser konnte, wenn er wollte, Ausnahmen genehmigen: »Ehen zur linken Hand oder sogenannte morganatische Ehen können in Unserem Kaiserhaus gleichfalls nur mit Bewilligung des jedesmaligen Familienoberhauptes gültig geschlossen werden.«

Als mehr als unfair musste es daher auf Franz Ferdinand wirken, dass der alte Kaiser Franz Joseph die ohnehin schon restriktive Familiengesetzgebung zusätzlich verschärfte und anlässlich seiner geplanten Eheschließung mit Gräfin Sophie Chotek, um die es im Jahre 1900 endlich ging, noch am 12. Juni 1900 im Familienstatut jene Familien auflistete, mit Angehörigen aus deren Kreis sich Mitglieder des Erzhauses vermählen durften. Ganz klar – die Familie Chotek befand sich nicht darunter. Das ist umso bemerkenswerter, als ja streng genommen Kaiser Franz Joseph selbst im Sinne dieser habsburgischen Familiengesetze nicht ganz standesgemäß geheiratet hatte. Kaiserin Elisabeth, die berühmte »Sisi«, stammte zwar aus einem bayerischen Adelsgeschlecht, aber »nur« aus einer wittelsbachischen Nebenlinie. Gleichzeitig aber war sie sehr wohl Angehörige einer Familie, die seit 1180 durchgehend Bayern regiert hatte.

Wo die Liebe hinfällt ...

Am Tennisplatz in Pressburg

Gräfin Sophie Chotek von Chotkowa und Wognin stammte ihrerseits aus einer alteingesessenen Adelsfamilie mit langer aristokratischer Vergangenheit. Ihre böhmische Abstammung war bis auf die Zeit der Hussitenkriege zurückverfolgbar, also Anfang und Mitte des 15. Jahrhunderts. Sophie war, wie bereits erwähnt, die viertgeborene von insgesamt acht Kindern, sieben Töchtern und einem Sohn, des Grafen Bohuslaw Chotek von Chotkowa und Wognin. Die Familie war nicht reich, doch sorgte der Vater dafür, dass die Kinder eine gute Erziehung mit auf den Weg bekamen. Neben Fremdsprachen, Musik- und Tanzunterricht standen Religion, Anstandslehre, Höflichkeit und gesittetes Benehmen auf dem Stundenplan. Durch den frühen Tod der Mutter lernte Sophie auch sehr bald, die Geschwister zu versorgen und mit knapp bemessenen Mitteln einen Haushalt zu führen. Alles in allem sollte man meinen, sie sei die ideale Ehefrau gewesen, selbst unter den strengen Gesichtspunkten der habsburgischen Familiengesetze.

Der Kaiser jedoch, wohl auch unter dem Einfluss diverser Hofschranzen, wollte diese Verbindung nicht. Vielleicht wollte er seinem unkonventionellen Neffen auch einmal zeigen, wer der Herr im Hause war. Umso schöner, dass man sagen kann: Dieses Match ging 1:0 für Franz Ferdinand und Sophie aus. Der Preis, den die beiden dafür zahlen mussten, war allerdings unangemessen hoch.

Hatte der Beginn dieser Liebe noch vorwiegend als niemals abreißender Briefwechsel stattgefunden, so musste es doch irgendwann einmal ans Tageslicht kommen, dass die beiden ein Paar waren. Zunächst aber stand fest, dass die ewige Umherfahrerei für

Franz Ferdinand keine Dauerlösung war. Die beiden wollten sich öfter sehen. Da half wohl nur ein unauffälliger Ortswechsel.

In Zeiten von Handy und Internet wäre die Liebesbeziehung schon längst kein Geheimnis mehr gewesen. Irgendwo ein geschickter Schnappschuss, auf Facebook gepostet und öffentlich gemacht ... da hätte sich das Paar wohl von heute auf morgen »outen« müssen. Gesichert dürfte sein, dass Franz Ferdinand Sophie in Wien nicht in seiner Nähe unterbringen konnte, denn das wäre schnell publik geworden. Doch wollte er sie halbwegs in Reichweite wissen, um sie endlich regelmäßig treffen zu können und langsam die Zukunftspläne in geordnete Bahnen zu lenken.

Erzherzogin Isabella und ihre Hofdame, Gräfin Sophie Chotek, an der Nordsee

Taktische Maßnahmen

Pressburg, das heutige Bratislava, schien ihm dafür der richtige Ort zu sein. Eine entsprechende Stelle als Hofdame war also gefragt. Da kam ein wenig der Zufall zu Hilfe: Erzherzogin Isabella, geborene Prinzessin Croy aus einem alten, aber nicht mehr regierenden deutschen Adelsgeschlecht, verheiratet mit Erzherzog Friedrich, der in Pressburg ein Armeecorps befehligte, suchte eine Hofdame. Damals war es üblich, sich nicht direkt um eine Stelle zu bewerben. Man wurde empfohlen und erst danach gab es, bei Entsprechen aller Erwartungen, eine Anstellung. Erzherzogin Isabella war eine bekannt schwierige, eher unangenehme Dienstgeberin. Dennoch war es für Gräfin Sophie Chotek kein Problem, als mustergültige, über jeden Tadel erhabene Hofdame zu agieren. Sehr zur Zufriedenheit ihrer Dienstgeberin, die voll des Lobes über die bescheidene und tüchtige Gesellschafterin war.

Der positive Nebeneffekt des Arrangements: Franz Ferdinand kam immer wieder zur Familie Erzherzog Friedrichs zu Besuch. Er war dort ein gern gesehener Gast, nicht nur bei Jagden, sondern auch bei Gesellschaften oder beim Tennisspiel. Fälschlicherweise wurde sein oftmaliges Aufkreuzen in Pressburg als Interesse für eine der sechs Töchter Isabellas ausgelegt, vor allem für Maria Christina, die zwar ein nettes, aber erst 16-jähriges Mädchen war und den Erzherzog in keiner Weise interessierte.

Da zwischen Franz Ferdinand und Erzherzogin Isabella eine Art Freundschaft bestand, wurden immer wieder Briefe geschrieben. So berichtete Isabella in einem dieser Schreiben an Franz Ferdinand unter anderem, dass die Hofdame Chotek von einem Herrn Rosenberg aus Prag, der hin und wieder zu Besuch kam, bereits mehrere Schachteln Pariser »Chokolade« erhalten habe ... ein Konkurrent? Ein Heiratskandidat? In einem anderen Schreiben berichtete Isabella Franz Ferdinand: »Rosenberg überbot sich an Liebenswürdigkeit und hat auch schon seitdem ein durch seine Fassung wirklich sehr comprometantes Schreiben an Sophie gerichtet.«

Es war nicht zu übersehen, dass Isabella es damals gut meinte mit Sophie. Dass sie sich mit ihrer Hofdame gut verstand und sie der Gräfin daher auch den Herrn Rosenberg als anscheinend gute Partie vergönnte, nicht ahnend, wer in Wirklichkeit der Favorit des Herzens ihrer engen Vertrauten war. Irgendwann kam es, wie es kommen musste. Dass es nicht in alle Ewigkeit eine Beziehung auf Distanz werden könnte, darüber waren sich Franz Ferdinand und Sophie schon lange im Klaren. Die ewige Heimlichtuerei hing den beiden wahrscheinlich auch schon zum Hals raus. Wie man es aber schaffen sollte, den Kaiser von den ehrlich gemeinten ehelichen Absichten zu überzeugen, das war ein eigenes Kapitel. Und so viel stand ebenfalls fest: Den beiden lief langsam die Zeit davon.

Entdeckung oder Verrat

Kein Wunder, dass aufflog, dass der Erzherzog nicht an einer der Töchter Isabellas, sondern an deren Hofdame interessiert war. Die Legende erzählt, Isabella beziehungsweise ein Angestellter des Hauses habe eine Taschenuhr des Erzherzogs entdeckt, die dieser beim Tennisspiel vergessen hatte und in deren Inneren sich ein Bild Sophie Choteks befand. Vielleicht war es tatsächlich so, vielleicht ist

Isabella aber auch ganz anders auf das Geheimnis der Liebenden gekommen. Aufmerksamen Beobachtern dürfte aufgefallen sein, was sich da längst angebahnt hatte zwischen dem Erzherzog und der herben böhmischen Schönheit; die eine oder andere zweckdienliche Bemerkung kann dann schon das Ihre dazu beitragen, dass das lange gehütete Geheimnis plötzlich keines mehr ist.

Die Entdeckung jedenfalls, dass es wohl nichts wird mit der Hochzeit einer ihrer Töchter und dem Erzherzog, damit aber auch die Chance dahin war, sich im Lichte der Stellung einer Kaiserin-Mutter am Wiener Hof zu sonnen, muss Isabella schwer getroffen haben. Sie entließ Sophie und auch der Briefwechsel mit Franz Ferdinand endete abrupt. Sophie fand zunächst in Wien Unterschlupf bei einer Schwester, die in Wien als Hofdame bei der Witwe Kronprinz Rudolfs, Stephanie, arbeitete. Es ist anzunehmen, dass Franz Ferdinand und Sophie einander so bald wie möglich trafen und besprachen, wie es weitergehen sollte.

Foto aus der »Verlobungszeit« (vor 1900)

Auch Erzherzogin Isabella hatte keine Zeit verloren und war unmittelbar nach der Entlassung ihrer Hofdame nach Wien gereist, um dem Kaiser zu berichten. Dieser soll ziemlich gelassen reagiert und nur gemeint haben, er werde mit seinem Neffen über alles reden. Zur Ehrenrettung Isabellas möchte ich hier bemerken, dass diese Reaktion einer enttäuschten (und wohl auch getäuschten!) Mutter nicht unverständlich ist. Sie musste mit einem Male nicht nur erkennen, dass die Heiratschancen ihrer Töchter in Bezug auf das Erzhaus dahin waren, sondern auch feststellen, dass die freundschaftlichen Besuche des Erzherzogs nur vordergründig ihrer Familie, in Wahrheit aber der Hofdame, Gräfin Sophie Chotek, gegolten hatten. Obwohl es die Umstände aus der Sicht des Liebespaares nicht anders zugelassen hatten, muss die Erzherzogin sich doch ein wenig hinters Licht geführt vorgekommen sein. Das schmerzt und ist einem als vermeintlich künftiger Schwiegersohn oftmals im Haus aus und ein gegangenen Gast schwer zu verzeihen, noch dazu, wenn es sich dabei um den Thronfolger handelt.

Bedenkzeit

Das Gespräch Kaiser Franz Josephs mit seinem Neffen muss bald darauf stattgefunden haben. Unmissverständlich machte Franz Ferdinand klar, dass er die Gräfin heiraten werde. Kaiser Franz Joseph war fassungslos. Am Ende dieses sicherlich sehr emotional verlaufenden Gespräches vereinbarten Onkel und Neffe eine Art Waffenstillstand: Franz Ferdinand sollte ein Jahr Zeit haben, alles nochmals gründlich zu überdenken. Damit wollte Kaiser Franz Joseph sicherlich testen, wie ernst es denn wirklich stand um die Heiratsabsichten seines Neffen. Gleichzeitig aber war klar, dass dieses Jahr nicht ungenützt vorbeigehen würde, der Kaiser also mit Sicherheit Mittel und Wege ausfindig machen würde, um die aus seiner Sicht sehr unliebsame Angelegenheit aus der Welt zu schaffen.

Was also für den Erzherzog wie ein fairer Vorschlag klang, nach welchem sich alle nochmals in Ruhe überlegen konnten, was sie wollten und welche Konsequenzen dieser Schritt hätte, war in Wirklichkeit der Startschuss für eine unglaubliche Vielfalt an Interventionsversuchen von verschiedensten Seiten. Alle hatten das Ziel, die Liebenden auseinanderzubringen und Franz Ferdinand zu einer Vernunftehe mit einer dem Kaiserhaus genehmen Partie zu bewegen. Am liebsten wäre dem Kaiser wahrscheinlich gewesen, Franz Ferdinand hätte die vorhin erwähnte Stephanie, seine angeheiratete Cousine und Witwe Kronprinz Rudolfs, geehelicht. Das zeigt unter anderem die Tatsache, dass Franz Joseph die Sitzordnung bei der kaiserlichen Tafel entsprechend bestimmte. Neben ihm saß Franz Ferdinand, gleich daneben Stephanie. Abseits jeglicher amouröser Gedanken verstanden sich Cousin und Cousine sehr gut und waren in bestem Einvernehmen. Stephanie war auch eine der wenigen, die die Wahl Franz Ferdinands guthieß und seiner Frau von Anfang an unvoreingenommene Freundschaft entgegenbrachte.

Das »Nachdenkjahr« wurde ein harter Prüfstein für die beiden Liebenden. Nachdem die Katze aus dem Sack war, was der Erzherzog für seine Zukunft plante, folgte eine nicht enden wollende Zahl an Versuchen, diese Entscheidung zu beeinflussen. Von allerhöchster Stelle wurden zum Teil ganz unglaubliche Aktionen gestartet, um die Hochzeit zu verhindern.

Himmel und Hölle

Nachdem man irgendwann feststellen musste, dass man beim Erzherzog auf Granit biss – denn stur war er ja, mein Urgroßvater, Gott sei Dank! –, versuchte man es eben bei Sophie. Im wahrsten Sinne des Wortes wurden Himmel und Hölle in Bewegung gesetzt. Als letzte Rettung und allerletzte Möglichkeit zog Dr. Godfried Marschall, der einst die religiöse Ausbildung Franz Ferdinands geleitet hatte, im Auftrag Kaiser Franz Josephs alle Register. Marschall war ein ehrgeiziger Geistlicher mit hochtrabenden Plänen. Er träumte davon, Weihbischof von Wien und später Fürsterzbischof zu werden. Das wusste natürlich der Kaiser, ohne dessen Zustimmung Marschall dieses Ziel nicht erreichen konnte. Was lag also näher, als sich die Karrierepläne des Klerikers zunutze zu machen? Kaiser Franz Joseph holte Marschall im Rahmen einer Audienz zu sich und ersuchte ebenso höflich wie dringend, das Paar von seinen Hochzeitsideen abzubringen.

Dr. Marschall war sich der Zwickmühle wohl bewusst, in der er sich nun plötzlich befand. Wurde er nicht aktiv, zog er sich den Groll Kaiser Franz Josephs zu. Konnte er dem Erzherzog die geplante Heirat tatsächlich ausreden, mit allen zu Gebote stehenden Mitteln, so war er sich der Gunst des Kaisers sicher. Des damals im 70. Lebensjahr stehenden Kaisers, wohlgemerkt – der also möglicherweise bald nicht mehr regierte. Gleichzeitig würde er es sich aber mit absoluter Sicherheit mit dem Thronfolger verscherzen, der sich, wie es aussah, ohnedies nicht von seinen Plänen abbringen lassen wollte.

Marschall versuchte also die dritte Variante und setzte die Braut in spe unter Druck. Auf besonders unfaire Art und Weise. Er wusste, dass Gräfin Sophie Chotek sehr religiös war und sich daher seinen Argumenten, die aus einer gekonnten Mischung von Hölle, Kaiser und Papst bestanden, nicht verschließen würde. Beinahe wäre ihm sein Vorhaben geglückt, denn Sophie erbat sich nach diesem Gespräch (richtiger wäre wohl: nach diesen massiven Drohungen) einige Tage Bedenkzeit. Franz Ferdinand aber erfuhr davon und beendete die Angelegenheit auf seine Weise. In einer Audienz soll er seinem Ärger Luft gemacht haben:

»Meine Braut hat die Zeit der Buße – so muss ich die Monate nennen – in einem Kloster verbracht und jetzt habe ich sie erlöst. Sie gehört wieder der Welt an und sie wird zu mir gehören ... Wie hat man uns gequält! Wie hat man meine Braut gefoltert! Zu ihrer Frömmigkeit nahmen Sie die letzte Zuflucht. Bei ihrem Glauben und ihrer Christlichen Demut packten Sie die Sache an. Und es wäre beinahe geglückt, schon hatte ich die Absage in Händen, den mit Tränen geschriebenen Verzicht auf mich. Da fuhr ich wie ein Donnerwetter drein und befreite sie aus der Atmosphäre, in der sie lebte ... Denn das war wider die Abrede gehandelt. Ich sollte mich ein Jahr prüfen, ob ich nicht etwa aus Leidenschaft etwas unternehmen wolle, was ich zeitlebens bereut hätte. Ich prüfte mich. Aber man hat sie zum Abfall von mir verleiten wollen, hat ihr Herz bedrängt und ihr Gewissen. Das war wider die Abrede!«

Jawohl, Franz Ferdinand, mein Urgroßvater: Das bringt die Sache auf den Punkt.

Der letzte Ausweg

Immer zu Franz Ferdinand gehalten hatten in diesen schwierigen Zeiten seine über alles geliebte Stiefmutter, Erzherzogin Marie Therese und natürlich sein getreuer ehemaliger Kammerdiener und nunmehriger Haushofmeister Franz Janaczek. Diesen Menschen hat der Erzherzog ein Leben lang nicht vergessen, was sie für ihn getan haben. In den damaligen Meldungen der Päpstlichen Nuntiatur Wien an das Päpstliche Staatssekretariat wurde laufend aktuell über den Stand der Dinge in der unliebsamen Ehe-Causa des Erzherzogs berichtet. Diese schriftlichen Unterlagen befinden sich noch heute im Vatikanischen Geheimarchiv.

Da die so sehnlich gewünschte Ehe keine rein private Angelegenheit Franz Ferdinands war und es in dieser wichtigsten Angelegenheit seines Lebens scheinbar keinen rechtlich tragbaren Ausweg gab, suchte er Rat und Hilfe bei seinem früheren Rechtslehrer Dr. Wladimir Beck. Ein kluger Schachzug. Beck muss in seinem konsequenten Antichambrieren an höchster Stelle letztlich doch erfolgreich gewesen sein. Die staatsrechtlich komplizierte Materie wurde schließlich dahingehend geregelt, dass Franz Ferdinand, der verständlicherweise sowohl die Ehe mit Sophie als auch die Kaiserkrone wollte, sich zu einer morganatischen Ehe entschloss, also zu einer »Ehe zur linken Hand«, und zum Thronverzicht für die Familie. Sophie konnte somit nach der Eheschließung weder Erzherzogin noch Kaiserin werden. Franz Ferdinand musste für sie und »für die aus der Verbindung zu erhoffenden Kinder« auf Thronrechte und Erbfolge verzichten.

Was die Sache nicht einfacher machte, war das Problem mit Ungarn. Denn das ungarische Staatsrecht kannte den Begriff »Ebenbürtigkeit« nicht. Aus dieser Tatsache hätte man ohne Weiteres ableiten können, dass Gräfin Sophie Chotek sehr wohl Königin von Ungarn und ihre Kinder Träger der ungarischen Krone hätten werden können. Nach einigem Hin und Her einigte man sich schließlich darauf, dass eine Renuntiation, also besagter Thronverzicht, den beiden Parlamenten, dem österreichischen und dem ungarischen, bekannt zu geben sei.

Der Patriarch Kaiser Franz Joseph regierte im gerade begonnenen 20. Jahrhundert unerbittlich über Reich und Dynastie. Sein Neffe Franz Ferdinand war in den 52 Regierungsjahren des Kaisers der Erste, der sich traute, nicht dem Willen des Herrschers zu entsprechen, und der sich nicht zerbrechen ließ. Er fürchtete den gestrengen Onkel nicht, und das zeigte er auch. Auch dafür bewundere ich meinen Urgroßvater. Er war ein Nonkonformist, der seinen eigenen Weg gehen wollte und dem alternden Kaiser letztendlich eindrucksvoll beweisen konnte, dass er niemals bereit war, aufzugeben. Nicht im Zuge seiner Erkrankung und schon gar nicht in der wichtigsten Angelegenheit seines Lebens.

Der Preis für das Placet Kaiser Franz Josephs zur Hochzeit mit Gräfin Sophie Chotek schien dem Erzherzog trotz allem nicht zu hoch, war diese Lösung doch der einzige, nach zähem Ringen ausgehandelte Kompromiss. Franz Ferdinand ließ es sich jedoch nicht nehmen, in einem entsprechenden Schreiben an Kaiser Franz Joseph festzuhalten:

»Ich kann abermals nur erwähnen, dass der Wunsch, die Gräfin zu heiraten, nicht die Frucht einer Laune ist, sondern der Ausfluss der tiefsten Zuneigung, jahrelanger Prüfungen und Leiden [...] Die Ehe mit der Gräfin ist das Mittel, mich für die ganze Zeit meines Lebens zu dem zu stempeln, was ich sein will und soll: zu einem berufstreuen Mann und zu einem glücklichen Menschen [...] Eine andere Ehe kann und werde ich nie mehr eingehen, denn es widerstrebt mir und ich vermag es nicht, mich ohne Liebe mit einer anderen zu verbinden und sie und mich unglücklich zu machen, während mein Herz der Gräfin gehört und ewig gehören muss.«

Schöner kann man es wohl nicht sagen! Es bricht mir das Herz, wenn ich daran denke, was alles passieren musste, bis diese beiden Menschen, meine Urgroßeltern, endlich zusammenbleiben durften.

Der berühmte Renuntiationsakt am 28. Juni 1900 in der Hofburg (zeitgenössische Illustration)

Endlich am Ziel

Nach einer weiteren Audienz, in der Kaiser Franz Joseph noch einmal mit der Stiefmutter Franz Ferdinands, die sich in der Herzensangelegenheit ihres Sohnes jede erdenkliche Mühe gab, zusammentraf und alles besprach, erteilte er endlich am 8. April 1900 die Ehe-Erlaubnis. Bevor die so lange und heiß ersehnte Trauung stattfinden konnte, musste noch der Renuntiationsakt vollzogen werden, der für den 28. Juni 1900 in der Hofburg vorgesehen war. Welche Ironie des Schicksals! Genau 14 Jahre vor dem Attentat von Sarajevo, exakt zum gleichen Datum und ebenfalls an einem strahlend schönen Sommertag unterzeichnete Franz Ferdinand jenes Dokument, das ihm endlich den Weg frei machte für seine geliebte Sophie. Das zeitgenössische Bild, das Sie hier im

Genau 14 Jahre vor dem Attentat von Sarajevo unterzeichnete Franz Ferdinand jenes Dokument, das ihm endlich den Weg frei machte für seine geliebte Sophie.

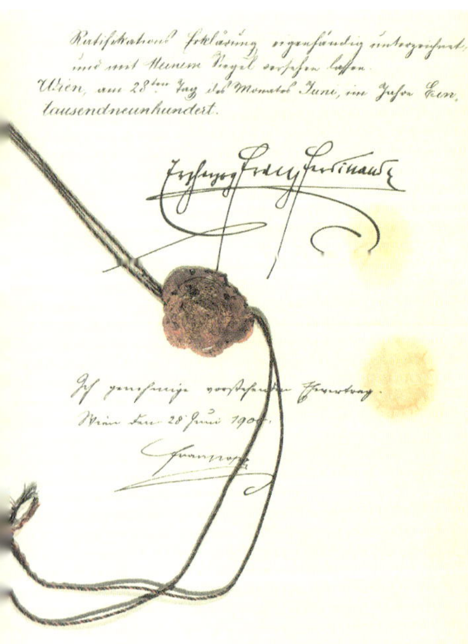

Wien, am 28ten Tag des Monats Juni, im Jahre Eintausendneunhundert.

Wien den 28 Juni 1900

Schloss Artstetten betrachten können, gibt die Situation von damals anschaulich wieder.

Mag für einen Außenstehenden die Durchführung dieses Staatsaktes dramatisch und für den Thronfolger vielleicht auch demütigend erscheinen, so sei an dieser Stelle gesagt: Eine Renuntiation war nichts völlig Außergewöhnliches und fand nicht zum ersten Male statt. Es sind vielmehr die Umstände, die jeder am Kaiserhof und praktisch jeder in der unmittelbaren Umgebung der adeligen Kreise kannte, die mein tief empfundenes Mitgefühl für meinen Urgroßvater hervorrufen. War das alles wirklich notwendig? Hätte man diesem Mann nicht einfach sein Glück gönnen können, mussten ihm wirklich so viele Prügel in den Weg geworfen werden?

Wie eine Spirale, die sich immer schneller dreht, haben die Ereignisse ihren Lauf genommen. Hätte, wäre, würde … Franz Ferdinand hatte zeit seines Lebens nicht versucht, sich überall beliebt zu machen und sich mit allen einflussreichen Persönlichkeiten gut zu stellen. Das war nicht sein Stil und das zeigt einmal mehr, welch unbeugsamer Charakter wohl in ihm gewohnt hat. Er ist sich selbst immer treu geblieben, und wenn er auch »kein Grüßer« war, wie es damals von ihm hieß, so war er bekannt als Mann mit Prinzipien, der sich jeden Morgen guten Gewissens in den Spiegel schauen konnte.

In Gräfin Sophie Chotek hat er eine ebenbürtige Partnerin gefunden: eine Frau mit Rückgrat, natürlicher Bescheidenheit und bewundernswerter innerer Stärke. Dass die beiden, allen Widrigkeiten zum Trotz, zusammengehalten haben, hat sich letztendlich bezahlt gemacht. Ihre Ehe kann als eine der glücklichsten bezeichnet werden, die es je im Hause Habsburg gab.

Wenn Sie also im Schloss Artstetten die »rosaroten Räumlichkeiten« betreten – wir haben diese

Wandfarbe bewusst gewählt, weil sie so gut zu der buchstäblich rosaroten Brille passt, durch die Franz Ferdinand und seine Frau nun in ihre Zukunft blicken durften –, dann betrachten Sie die Stationen dieser Liebe, die endlich ihre Erfüllung fand, mit dem Auge des Wissenden. Die zum Teil etwas förmlich und steif wirkenden Fotos entsprechen dem Stil jener Zeit. Schaut man aber genauer hin, kann man auch nach so langer Zeit noch erahnen, welch große Zuneigung zwischen den beiden geherrscht hat. Und wie viel Glück und Zufriedenheit aus all jenen Bildern herausstrahlen, die die beiden mit ihren Kindern zeigen.

Das höchste Glück

Am 1. Juli 1900 fand die Hochzeit in der Schlosskapelle von Schloss Reichstadt in Böhmen statt.

Bereits drei Tage nach dem Renuntiationseid fand am 1. Juli 1900 die Hochzeit in der Schlosskapelle von Schloss Reichstadt in Böhmen statt. Selten davor oder danach hat es eine so einfache und unspektakuläre Hochzeit eines Thronfolgers gegeben. Und selten hat man ein so glückstrahlendes Brautpaar gesehen wie dieses! Dass die Trauung nur im allerkleinsten Kreise stattfand, schien die Brautleute am allerwenigsten zu stören. Außer Franz Ferdinands Stiefmutter Marie Therese, die ihren Sohn und die künftige Schwiegertochter

von Anfang an ohne Wenn und Aber unterstützt hatte und als der gute Engel im Leben des Thronfolgers bezeichnet werden kann, waren auch seine beiden Halbschwestern Maria Annunziata und Elisabeth anwesend. Diese drei Frauen, Stiefmutter und Halbschwestern, richteten auch die Hochzeit aus und luden im Anschluss an die Trauung zu einem entspannten Hochzeitsessen im familiären Rahmen.

Weitere Hochzeitsgäste waren Sophies Schwestern mit ihren Ehemännern, der deutsche Cousin Marie Thereses, Erbprinz Aloys von Löwenstein-Wertheim-Rosenberg, mit seiner Frau sowie Graf Franz Thun-Hohenstein mit seiner Gattin. Als Trauzeugen für den Erzherzog fungierten Erbprinz Aloys von Löwenstein und Graf Albert Nostitz-Rieneck, zu jener Zeit Obersthofmeister Erzherzog Franz Ferdinands. Die Trauzeugen der Braut waren ihr Bruder, Graf Wolfgang Chotek, sowie Graf Karl, ihr Neffe und sozusagen der »Chef« der Familie Chotek.

Eine unspektakuläre Trauung in kleinstem Rahmen: Außer Franz Ferdinands Stiefmutter Marie Therese waren seine Halbschwestern Maria Annunziata und Elisabeth anwesend sowie Sophies Schwestern, deren Ehemänner und die Trauzeugen.

Das Paar war Augenzeugenberichten zufolge wunderschön anzusehen: Sie in einem weißen Atlaskleid mit langer Schleppe, unter dem Brautschleier ein funkelndes Diadem, das zusätzlich mit Myrten und Orangenblüten geschmückt war. Er hatte für diesen wichtigsten Tag in seinem Leben die Galauniform eines Generals der Kavallerie angelegt, dekoriert mit dem Band des Großkreuzes des Stephansordens, und um den Hals das Goldene Vlies, jenen Orden, den er bereits als 15-Jähriger von Kaiser Franz Joseph verliehen bekommen hatte. Auf diese Art und Weise war der Kaiser doch irgendwie anwesend, obwohl er bei Hof die strikte Parole ausgegeben hatte, dass man der unerwünschten Hochzeit tunlichst fernzubleiben habe.

Ein einfacher diplomatischer Trick enthob all die kaisertreuen Hofschranzen der Pflicht, peinlicherweise vielleicht eine Einladung zur Hochzeit absagen zu müssen: Am 19. Juni war Fürstin Josephine von Hohenzollern verstorben, vier Tage später wurde aus diesem Grunde eine zwölftägige Hoftrauer angeordnet. Äußerst praktisch, denn damit konnten sämtliche Mitglieder des Erzhauses ersucht werden, Festlichkeiten freudigen oder heiteren Charakters fernzubleiben. Dass Franz Ferdinands Stiefmutter Marie Therese und ihre beiden Töchter diesem kaiserlichen Wunsch nicht entsprachen, ist ein weiterer Beweis für die große Zuneigung, die Franz Ferdinand und Marie Therese verbunden haben muss.

Das Brautpaar hatte jedenfalls nur Augen füreinander und konnte es sichtlich kaum erwarten, endlich die Hochzeitsreise antreten zu können. Gerade noch rechtzeitig kam das Hochzeitsgeschenk des Kaisers an. Haushofmeister Janaczek überreichte dem Brautpaar ein Telegramm mit folgendem Inhalt:

»Seine kaiserliche und Königliche Apostolische Majestät haben mit allerhöchstem Handschreiben de dato Ischl, 1. Juli, sich bewogen gefunden, die morganatische Gemahlin Seiner Kaiserlichen und Königlichen Hoheit des Durchlauchtigsten Herrn Erzherzogs von Österreich-Este, Sophie, geborene Gräfin Chotek von Chotkova und Wognin, taxfrei in den erblichen Fürstenstand mit dem Namen ›Hohenberg‹ und dem Prädikat ›Fürstliche Gnaden‹ zu erheben.«

Hier also hat der Namen Hohenberg meiner Familie seinen Ursprung. Ein beziehungsreicher Name, der in die Frühzeit der Dynastie zurückführt: Gertrud von Hohenberg, älteste Tochter des Grafen Burkhard V. von Hohenberg, ab 1253 verheiratet mit Kaiser Rudolf I. (1218–1291), kann man de facto als Stammmutter der Habsburger ansehen. Fürstin Sophie Hohenberg wurde von Kaiser Franz Joseph am 4. Oktober 1909 zusätzlich der Titel »Herzogin von Hohenberg« verliehen, was eine Rangerhöhung bedeutete, die gewisse protokollarische Komplikationen milderte und ihr gestattete, den Titel »Hoheit« zu führen.

Der 1. Juli 1900 war mit Sicherheit einer der schönsten Tage im Leben dieses unvergessenen Liebespaares, das sein Glück umso mehr genoss, als es so hart erkämpft war. Die Hochzeitsreise ging in das vom Erzherzog so sehr geliebte Konopischt, wo er sicherlich oft davon geträumt hatte, mit seiner Sophie einmal glücklich werden zu können. Nun konnte er endlich, ohne jede Heimlichtuerei, jede verfügbare Minute mit der Frau seines Lebens verbringen. Trotzdem nahm er sich die Zeit, danke zu sagen und diese Stunden größter Freude und höchsten Glücks mit den Menschen zu teilen, die ihm auf dem steinigen Weg dorthin geholfen und ihn unterstützt hatten.

So wurde auch Dr. Beck in diesen glückseligen Stunden nicht vergessen. Noch vor der Abfahrt in die Flitterwochen wurde ein Telegramm an ihn geschickt: »Meine Frau und ich sprechen am schönsten Tage unseres Lebens dem Mitbegründer unseres Glücks unseren herzlichsten und wärmsten Dank aus für alles, was Sie in dieser langen Zeit für uns gearbeitet und geleistet haben.« Und acht Tage nach der Hochzeit geht ein Schreiben an seine geliebte Stiefmutter, die »Frau mit dem goldenen mütterlichen Herzen«, wie er sie nicht nur einmal genannt hat: »Wir sind beide unsagbar glücklich und dieses Glück verdanken wir in erster Linie Dir. Wo wären wir heute, wenn Du nicht in so edler, rührender Weise Dich unserer angenommen hättest. Wir sprechen auch unausgesetzt von Dir und unsere Dankbarkeit kennt keine Grenzen.«

Acht Tage nach der Hochzeit schrieb das jungvermählte Paar aus Konopischt an Erzherzogin Marie Therese: »Wir sind beide unsagbar glücklich und dieses Glück verdanken wir in erster Linie Dir [...] unsere Dankbarkeit kennt keine Grenzen.«

Auch das ist typisch für Franz Ferdinand: Wer ihm hilft, den vergisst er nie. Wer zu ihm hält, der hat einen Platz in seinem Herzen erobert. Und wer die Geschichte meines Urgroßvaters bis jetzt mitverfolgt hat, kann sich unschwer ausrechnen, dass es dort nicht allzu viele Menschen gab.

Selbst kritische Beobachter des Paares konnten nicht umhin, zumindest insgeheim festzustellen, dass der Erzherzog und seine Gräfin wie füreinander geschaffen schienen. Auch auf geistiger Ebene dürfte das Paar perfekt harmoniert haben. So hatte Franz Ferdinand bereits einige Zeit vor der Hochzeit in weiser Voraussicht das Belvedere für die künftige Familie gemütlich und wohnlich einrichten lassen. Vor allem auf eine große und gut sortierte Bibliothek hatte er großen Wert gelegt, seine diesbezüglichen Anweisungen waren nicht misszuverstehen: Seine künftige Frau liebe das Lesen und die Fremdsprachen, daher müsse auch in dieser Hinsicht entsprechend vorgesorgt sein.

Dass die zurückhaltende und kluge Sophie auf gescheite Menschen in ihrer Umgebung, die sie vorbehaltlos betrachteten, ihre Wirkung nicht verfehlte, zeigen dementsprechende Äußerungen. So schrieb zum Beispiel Freiherr Albert von Margutti über die Frau des Erzherzogs:

> ***»Die sehr intelligente Fürstin Hohenberg war eine geistig außerordentlich hochstehende und ungewöhnlich gebildete Frau, welche sich durchaus nicht mit der Stellung einer im Verborgenen hindämmernden, morganatischen Gemahlin abfinden konnte. Sie ging im Gegenteil – namentlich als sie ihrem Gemahl, außer einer Tochter, noch zwei Söhne geboren hatte – daran, und nicht mit Unrecht, jederzeit und allenthalben vollwertig als Gattin des Thronerben zu erscheinen. Das leugnete Sophie Hohenberg auch gar nicht. Einmal deutete sie mir sogar selbst, wenn auch nur indirekt, ihre Aspirationen in nicht misszuverstehender Weise an.«***

Das mit den »Aspirationen« hat der gute Mann wohl in den Charakter Sophies hineininterpretiert. Dass sie aber sehr klug und gebildet war, steht außer Zweifel. Dieser Klugheit ist es wohl auch zu verdanken, dass sie nach der Hochzeit keine Revolten anzettelte, obwohl es ihr der Hof wirklich nicht leicht machte, das Leben an der Seite des Thronfolgers zu genießen. Sie stellte das Familienglück an oberste Stelle in ihrem Leben.

Dieses Glück wurde durch die rasch aufeinander folgenden Geburten von drei hübschen, gescheiten und lieben Kindern gekrönt. 1901 kam Sophie, 1902 Max und 1904 Ernst zur Welt. Diese drei gesunden und wohlgeratenen Kinder, die ihren Eltern viel Freude bereiteten, konnten das Paar über den Verlust eines vierten Kindes, das die zu jenem Zeitpunkt bereits 40-jährige Sophie 1908 tot zur Welt brachte, hinwegtrösten. Wenn man liest, wie begeistert Franz Ferdinand an seine Stiefmutter über seine Familie schrieb, kann man sich gut vorstellen, dass er ein hinreißender Familienvater und ein

Fürstin Sophie von Hohenberg mit ihrer Tochter Sophie (1901)

seine Sprösslinge über alles liebender Förderer ihrer Entwicklung gewesen sein muss. So hieß es 1904:

> ***»›Pinki‹ [gemeint ist die Erstgeborene, Sophie] ist zum Fressen herzig, Maxi ist ein gescheiter, köstlicher Bub, und Ernsti ist so brav und wird eine beauté [eine Schönheit] – Du weißt nicht, liebe Mama, wie glücklich ich mit Meinen bin und wie ich dem lieben Gott nicht genug danken kann für all mein Glück! Und nach dem lieben Gott muss ich gleich Dir danken, da Du mir ja in allem zu meinem Glück verholfen hast! Das Allergescheiteste, was ich je in meinem Leben gemacht habe, war, dass ich meine Soph geheiratet habe; sie ist für mich alles, meine Frau, meine Ratgeberin, mein Doktor, mein Kamerad, mit einem Wort: mein ganzes Glück! Jetzt nach vier Jahren lieben wir uns wie am ersten Tag unserer Ehe, und nicht eine Sekunde war unser Glück getrübt.«***

Was kann ein verheirateter Mann nach einigen Jahren Ehe Schöneres über seine Frau sagen? Das Glück der beiden muss perfekt gewesen sein, sodass all die kleinen Sticheleien und gesellschaftlichen Gemeinheiten, die man sich dem Paar gegenüber so leistete, ihm nichts anhaben konnten.

Erzherzog Franz Ferdinand im Jahr 1902 mit Tochter Sophie in Konopischt

Im Jahr 1909 wurde Sophie vom Kaiser zur Herzogin von Hohenberg ernannt.

Ihre Ehe kann als eine der glücklichsten bezeichnet werden, die es je im Hause Habsburg gegeben hat: Herzogin Sophie und Erzherzog Franz Ferdinand bei einem Waldspaziergang in Lölling, um 1913.

Intrigen ohne Wirkung

In der Hof-Rangordnung wurde Sophie, die Frau des Thronfolgers, aufgrund der morganatischen Ehe an die letzte Stelle gereiht. Das ging so weit, dass es beim Hofball 1903 zu einem echten, unmissverständlichen Affront kam: Die Erzherzöge betraten mit ihren Damen, streng nach der Rangfolge, den Ballsaal. Sophie durfte erst als Letzte, und im Gegensatz zu den Damen des Erzhauses ohne männliche Begleitung am Arm, den Ballsaal betreten. Im Hofwagen durfte sie nur mitfahren, wenn sie ihren Mann begleitete. Wenn er das Gefährt verließ, hatte auch sie auszusteigen. Im Theater durfte sie nicht mit ihrem Mann in der Hofloge sitzen. Wollte man den Abend also zu zweit verbringen, war das nur in einer Privatloge möglich. Solche und viele andere Vorschriften sind in der heutigen Zeit unvorstellbar. Doch damals waren sie für alle Beteiligten eine unverrückbare Tatsache.

Allen Sticheleien und Kränkungen zum Trotz ließen sich die beiden ihr harmonisches Eheleben nicht beeinträchtigen. Die Intrigen wurden einfach ignoriert und verfehlten daher ihre Wirkung. Allerdings zogen sich Franz Ferdinand und Sophie immer mehr aus Wien zurück. Konopischt war ohnedies der Lieblingsplatz Franz Ferdinands und auf Wien war man nicht wirklich angewiesen. Das Belvedere stand immer öfter leer. Die junge Familie reiste viel und gerne, wenn nicht nach Konopischt, dann auf eines der anderen Schlösser.

Artstetten gehörte seit dem 1. April 1889 ebenfalls Franz Ferdinand, doch war es sein Plan, zuerst Konopischt, Chlumetz und Blühnbach auszubauen und erst danach Modernisierungen und Erweiterungen in seinem niederösterreichischen Schloss vorzunehmen.

Ende gut, alles gut ...

Die Familie um 1906: Max, Erzherzog Franz Ferdinand, Ernst, Fürstin Sophie, Tochter Sophie (v.l.n.r.)

Nur, wenn es die Staatsgeschäfte nicht anders zuließen, trennte sich der Erzherzog von seiner Familie. Doch es war ihm jedes Mal in der Seele zuwider. Eine ganze Woche von seinen Lieben getrennt zu sein, wie es sich manchmal nicht vermeiden ließ, war eine Qual für den begeisterten Familienvater. Endlich war er am Ziel seiner privaten Wünsche angelangt. Hatte seine große Liebe geheiratet, konnte sich über ein harmonisches und offensichtlich perfektes Familienleben freuen. Oft kam es vor, dass er das Frühstück, meist eine Tasse Tee und zwei weiche Eier, im Kinderzimmer einnahm und den Kleinen beim Spielen zusah. Überhaupt ging es auch sonst im Hause des Erzherzogs ganz normal und bürgerlich zu.

Auch die kulinarischen Vorlieben waren, laut seinem langjährigen Küchenchef Robert Doré, bodenständig und einfach. Mit einem guten Tafelspitz, einem saftigen Selchkarree mit Kraut, Schweinsbraten oder Beuschel mit Knödel hatte er seine größte Freude. Bekannt war auch, dass er bei Einladungen zur Jagd gerne ein Jausenpaket von zu Hause mitnahm und anstelle der von den Gastgebern angebotenen feinen Picknicks lieber den mitgebrachten Kaiserschmarren verzehrte. Er liebte das Bodenständige und das häusliche Glück war ihm heilig. Kein Wunder, dass es an anderer Stelle des vorhin zitierten Briefes an seine Stiefmutter Marie Therese heißt:

> ***»Und unsere Kinder! Die machen meine ganze Wonne und meinen Stolz aus. Den ganzen Tag sitze ich bei ihnen und bewundere sie, weil ich sie gar so lieb hab. Und die Abende zu Hause, wenn ich meine Zigarre rauche und Zeitungen lese und Soph strickt, die Kinder kugeln herum und werfen Alles von den Tischen herunter, das ist gar so köstlich und gemütlich! Und Du, liebste Mama, warst die Einzige, die mich nicht verlassen hat, wie es mir ganz schlecht gegangen ist: hast mir zu meinem Glück verholfen.«***

Der Erzherzog über seine Kinder (um 1908): »Pinki [Sophie] ist zum Fressen herzig, Ernsti ist so brav und wird eine beauté und Maxi ist ein gescheiter, köstlicher Bub.«

Ich bin immer wieder gerührt, wenn ich diese Zeilen lese. Das Bild des eher ernsten, sturen, unbeugsamen Charakters, das mein Urgroßvater nach außen vermittelt hat, ja vermitteln musste nach all dem Leid und den Kränkungen, die ihm widerfahren sind, dieses Bild löst sich auf in Nichts und gibt den Blick frei auf einen liebenden Ehemann und begeisterten Familienvater.

Die Kleinen wurden von ihren Eltern konsequent und liebevoll zu »normalen« Kindern ohne Starallüren und ohne das Gefühl, etwas Besonderes zu sein, erzogen. Sie hatten einfaches Spielzeug, das in vielen bürgerlichen Familien zur damaligen Zeit gerne verwendet wurde. Ein Blick in unsere Vitrinen im Schloss gibt eine Vorstellung davon. Der recht stattliche Spielzeugbär zum Beispiel oder die Gitarren und die Trommel, die sicherlich das musikalische Talent der Kinder fördern sollten. Besonders angetan hat es mir das Holzkrokodil, mit dem die Kleinen sicher gerne und oft gespielt haben. Ich nehme an, es war ein Geschenk ihres Vaters, der auf seinen vielen Reisen diese Tiere sicher auch in freier Wildbahn erlebt hat.

Die vielen Fotos aus jener Zeit geben ein beredtes Zeugnis davon, wie viele glückliche Stunden sich im Hause des Erzherzogs abgespielt haben müssen.

Im Vorhof der Macht

Wie stellt man sich den Job eines Erzherzogs vor? Nun, wenn er Thronfolger ist, ist die Sache klar. Ab dem Zeitpunkt der Inthronisierung übernimmt er die Macht, ist Erster im Staate und lenkt die Geschicke seines Landes. Darauf wird ein Erzherzog mittels schulischer, später mittels militärischer und staatsrechtlicher Ausbildung gründlich vorbereitet. Oder man ist »nur« Mitglied des regierenden Kaiserhauses. Das Leben eines solchen Mannes kann recht entspannt angelegt werden, wie beispielsweise im Falle Carl Ludwigs, der als Bruder Kaiser Franz Josephs und Vater Franz Ferdinands ein ruhiges und beschauliches Leben führte.

Um beim Beispiel Carl Ludwigs zu bleiben: Er versuchte erst gar nicht, den selbstbewussten und mit eiserner Hand regierenden Älteren in irgendeiner Weise zu beeinflussen. Es genügte ihm, diverse Ehrenämter zu bekleiden, die schönen Künste zu fördern und hin und wieder Gnadenakte durchzuführen.

Franz Ferdinand hatte nun das Glück – oder Pech, je nach Betrachtungsweise –, beide Rollen zu durchleben. Solange sein Cousin, Kronprinz Rudolf, noch lebte, war alles geregelt. Rudolf würde von Kaiser Franz Joseph die Regierungsgeschäfte übernehmen, Franz Ferdinand die Militärlaufbahn in der vorgegebenen Richtung durchlaufen. Irgendwann einmal »ganz oben« stehen und direkt dem (alten oder jungen) Kaiser unterstellt sein, das wäre der logische Plan gewesen. Das Schicksal wollte es anders.

Es gibt eine unglaublich große Zahl an Familienmitgliedern des herrschenden Hauses Habsburg. Je nach Naturell und guten Verbindungen innerhalb des »Clans« gab es machtbewusste Intriganten,

Der Thronfolger in St. Moritz, Jänner 1907

vernünftige Politiker und schwache Mitläufer, die sich von diversen einflussreichen Persönlichkeiten manipulieren ließen. Wer sich »Thronfolger« nennen durfte, in den wurden in jedem Fall große Erwartungen gesetzt. Als künftiger Herrscher waren nicht nur eine erstklassige Ausbildung, großes politisches Verständnis und Machtwillen gefragt. Auch diplomatisches Geschick, Talent zur Bereinigung von Interessenkonflikten und die Fähigkeit, mit den richtigen Menschen Bündnisse, mit den passenden Mächten Allianzen zu schließen, waren gefragt. Von heute auf morgen wird niemand zum Herrscher. Auch in diesen Job muss man erst einmal hineinwachsen und zur Führungspersönlichkeit ist nicht jeder geboren.

Im Falle Franz Ferdinands bewirkten mehrere Gründe, dass er plötzlich in der Position des Thronfolgers war. Der Tod Kronprinz Rudolfs 1889 und die nicht wirklich ernst zu nehmende Option, den Nächsten in der Thronfolge, also Franz Ferdinands Vater Carl Ludwig, als Kaiser Franz Josephs Nachfolger anzusehen, waren die Eckpfeiler dieser Entwicklung. Spätestens als Carl Ludwig 1896 verstarb, war klar, wer die Geschicke der Monarchie nach Kaiser Franz Joseph leiten würde. Ab 1896 also wurde von Erzherzog Franz Ferdinand, dem Thronfolger, gesprochen, obwohl es von Kaiser Franz Joseph damals (noch) keine entsprechende definitive Erklärung dazu gab. Der Erzherzog war allerdings bereits in früheren Jahren mit offiziellen Auftritten, Repräsentationspflichten und Vertretungsterminen betraut worden. Im Juni 1889 war er zum Beispiel der offizielle Vertreter Kaiser Franz Josephs, als in Stuttgart das 25-jährige Regierungsjubiläum König Karls I. von Württemberg gefeiert wurde.

Unterwegs nach England, 1913

Im Jahr 1891 besuchte er im Auftrag des Kaisers Zar Alexander III. in St. Petersburg. Beide Seiten werteten dies im Anschluss als erfolgreichen Staatsbesuch. Die gute Gesprächsatmosphäre mit Russland war Franz Ferdinand bereits damals sehr wichtig, denn bei den politischen Ideen, die er für die Zukunft hatte, spielte das Zarenreich eine bedeutende Rolle. Als schönen Freundschaftsbeweis durfte der junge Erzherzog ein silbernes, diamantenbesetztes Zigarettenetui mit aufgelegter goldener Chiffre des Zaren mit nach Hause bringen. Auch wenn es damals noch nicht erkennbar war, war damit ein Grundstein für Franz Ferdinands laufende Bestrebungen gelegt, die Beziehungen zu Russland so gut wie möglich zu gestalten. Die außenpolitische Annäherung an das Zarenreich war allerdings nicht einfach, seit dem Krimkrieg (1853–56) waren die Kontakte merklich abgekühlt. Und trotz der Mission Franz Ferdinands nach St. Petersburg war Kaiser Franz Joseph nicht wirklich an einer grundlegenden Verbesserung der Kontakte zu Russland interessiert.

Bald danach ging Franz Ferdinand auf Weltreise und in der Folge war er lange Zeit durch seine schwere Lungenerkrankung außer Gefecht gesetzt. Am Hof hatte kaum noch jemand daran geglaubt, dass der Erzherzog wieder gesund würde. Im Gegenteil: Die langen Abwesenheitszeiten aufgrund der Kuraufenthalte verliehen ihm fast den Nimbus einer Legende.

Totgesagte leben länger

Nach der an ein Wunder grenzenden Genesung ging es jedoch steil bergauf mit Aktivitäten rund um die künftige Aufgabe Franz Ferdinands als Nachfolger Kaiser Franz Josephs. 1898 wurde er zur Disposition des Allerhöchsten Oberbefehls bestellt. Damit war er hochoffiziell der Stellvertreter seines Onkels, des Kaisers. Das Jahr 1898 war in mehrfacher Hinsicht denkwürdig. Eigentlich sollte es ein echtes Jubeljahr für Österreich-Ungarn sein, denn das 50-jährige Regierungsjubiläum Kaiser Franz Josephs wurde gefeiert. So kam Franz Ferdinand gleich einmal ganz schön dran in seiner neuen Funktion. Auf zahlreichen Feiern, bei Paraden, Ausstellungen, Festzügen und Bällen musste er repräsentieren. Das war ein Teil seiner Arbeit, der ihm zutiefst zuwider war. Wann immer es ihm möglich war, flüchtete er nach Pressburg in das Haus von Erzherzogin Isabella – wir wissen ja, warum es ihn gerade dorthin zog.

Kaiser Franz Joseph I. und Kaiserin Elisabeth bei der letzten gemeinsamen Ausfahrt in Budapest

Es ist bezeichnend, dass Kaiserin Elisabeth sich all dem Rummel in ihrer Heimat bewusst entzog. Während man ihren Mann hochleben ließ und seine lange Regierungszeit würdigte, war Elisabeth, wie so oft, auf Reisen. Den Juli verbrachte sie in Bad Nauheim, den August in Caux, 600 Meter oberhalb von Territet am Genfer See. Am 9. September 1898 war sie in Genf unterwegs, um Baronin Rothschild zu besuchen. Sie übernachtete im Hotel »Beau Rivage« und wollte am nächsten Tag mit dem Schiff zurück zu ihrem Kurort.

Am Kai jedoch ereilte sie ihr Schicksal in Gestalt eines scheinbar aus dem Nichts auftauchenden Attentäters, der ihr im Vorbeilaufen eine scharf zugespitzte Feile in der Herzgegend zwischen die Rippen stieß. Er wurde sofort gefasst und der Polizei übergeben. Kaiserin Elisabeth von Österreich, die legendäre Sisi, starb kurz nach dem Attentat an der kleinen, kaum sichtbaren und doch tödlichen Verletzung. Der Täter, ein italienischer Anarchist namens Luigi Lucheni, hatte gar nicht Elisabeth ad personam gemeint. Er wollte nur, um nach außen ein Zeichen für den Anarchismus zu setzen, eine möglichst »große Tat« vollbringen ...

Wieder einmal hatte das Schicksal dem Haus Habsburg eine schwere Prüfung auferlegt. Für Kaiser Franz Joseph muss es mehr als schmerzlich gewesen sein, nach dem Tod seines Sohnes Rudolf im Jahr 1889 nun dem Sarg seiner Frau, die er trotz all ihrer Fluchtversuche immer geliebt und geschätzt hatte, zu folgen. Der Leichnam der Kaiserin wurde in allen Ehren in der Kapuzinergruft beigesetzt. Auch Franz Ferdinand trauerte aufrichtig. Seine Tante hatte ihn immer verstanden, und sie war selbstlos als Vermittlerin aufgetreten, wenn es zwischen ihm und Kaiser Franz Joseph wieder einmal Auffassungsunterschiede gegeben hatte.

Aufgrund des Trauerjahres war für den Erzherzog der Traum einer Hochzeit mit seiner Sophie in weite Ferne gerückt. Umso mehr Zeit hatte er allerdings für seine Arbeit. Innen- und außenpolitische Ideen, die ihm am Herzen lagen, sollten langsam realisiert werden. In der Situation, in der sich Franz Ferdinand damals befand, war das Zentrum der Macht die Hofburg. Kaiser Franz Joseph hatte das Sagen, und er erwartete von seinem Neffen und Thronfolger, dass sich dieser an die Spielregeln hielt. Sollte heißen: nicht dreinpfuschen, sondern sich getreu der Linie des Staatsoberhauptes verhalten, kaiserliche Befehle entgegennehmen, ordentlich repräsentieren und geduldig warten, bis seine Zeit gekommen war.

Wer meinen Urgroßvater kannte, wusste, dass geduldiges Warten nicht unbedingt seine Sache war. Repräsentieren alleine war ihm definitiv zu wenig. Also begann er, auf seine Art die Weichen zu stellen und eine Art Schattenregierung aufzubauen. Schon bald war von einer »Gegenregierung« im Schloss Belvedere die Rede. Die Würdenträger des Reiches sahen sich zunehmend in einer Zwickmühle: Man wollte es beiden recht machen, dem an der Macht befindlichen Monarchen ebenso wie dem merkbar ungeduldiger werdenden Nachfolger.

Trendsetter – oder nüchterner Pragmatiker?

Die monarchisch-konservative Grundeinstellung, also Gottesgnadentum des absolutistisch regierenden Herrschers und entsprechendes Sendungsbewusstsein, hatte Franz Ferdinand von seinem Geschichtslehrer Onno Klopp eingehämmert bekommen. Ein Erzherzog Franz Ferdinand an der Regierung, gleichzeitig aber eine konstitutionelle Monarchie mit Parlamenten in Wien und Budapest – das war in seiner Vorstellung nicht leicht unter einen Hut zu bringen. Als nüchterner Pragmatiker wusste er jedoch, dass das Nationalitätenproblem eine Kernfrage war, die es klug zu lösen galt.

Was für ein Gefühl muss das gewesen sein: vor den Toren der Macht zu stehen, aber nicht an ihnen rütteln zu dürfen. Zu brennen vor Ehrgeiz, der Zeit einen eigenen Stempel aufdrücken zu können. Überzeugt zu sein davon, dass es höchste Zeit war, etwas zu ändern, und dass die Lösung der anstehenden Probleme nicht von heute auf morgen möglich war. Je früher also mit der Arbeit an einem zeitgemäßen Föderalismus begonnen werden konnte, desto besser.

Nicht nur das Durchführen von Änderungen, sondern auch und vor allem das Regieren eines Vielvölkerstaates wie jenes der Österreichisch-Ungarischen Monarchie war eine große Herausforderung, die es galt, entsprechend vorzubereiten. Direkte Einflussnahme auf die Geschicke des Landes war dem Thronfolger jedoch nicht möglich, solange sein Onkel auf dem Thron saß. Dieser verfolgte ganz klar die Strategie, im unflexiblen Beibehalten der alten Strukturen seine Dynastie, die Monarchie und das Reich zu erhalten. Letztlich ist es verständlich, dass ein Mann in seinem Alter langsam müde wurde. Das Reich zusammenhalten, so gut es möglich ist, lautete wohl seine Devise.

Das wollte Franz Ferdinand auch, aber mit ganz anderen Mitteln. Moderate Reformen und zeitgemäße Veränderungen waren sein Plan. Das war der Weg, mit dem die Monarchie gerettet werden konnte. Die vielen verschiedenen Nationalitäten und Völker bedeuteten mittlerweile gefährliche Gegensätze, die es zu überwinden galt. Die einzelnen nationalen Bestrebungen wurden immer stärker, was für die Einheit des Staatsgebildes zunehmend zum Problem wurde. Verbindend waren eigentlich nur noch die habsburgische Dynastie, die gemeinsame Armee und die Amts- und Verkehrssprache Deutsch.

Separatistische Strömungen waren in den Augen meines Urgroßvaters eine große Gefahr für das Reich. Er erkannte ganz richtig, dass sich überall Unzufriedenheit breit machte, dass es bei Kroaten, Rumänen, Slowenen, Polen und Italienern gärte. Und dass die Ungarn, deren selbstbewusstes Agieren ihm ein besonderer Dorn im Auge war, jede Gelegenheit nutzten, ihre ohnedies bereits privilegierte Stellung – vor allem seit dem erzwungenen Dualismus von 1867 – weiter auszubauen. Kein Wunder, dass Franz Ferdinand von den Vereinigten Staaten von Amerika, die er während seiner Weltreise kennenlernen konnte, politisch begeistert war, auch wenn er dort einen Mangel an Kultur und eine ständige Jagd nach Geld konstatierte, die ihm fremd waren.

Dieser Gedanke dürfte ihn nicht mehr losgelassen haben: Die staatsrechtlichen Verhältnisse in den USA könnten doch auch, in angepasster Form, in der Monarchie ihre Anwendung finden! Jedes Kronland könnte, innerhalb seiner historischen Grenzen, einen autonomen Staat bilden, innerhalb der Autorität einer Union. Ein gerecht geregelter Kronländer-Föderalismus war es also, der ihm da vorschwebte. Als Zwischenstufe auf dem Weg dorthin wäre ein Trialismus – also entweder Österreich, Ungarn und Böhmen oder Österreich, Ungarn und Slawien – genau das Richtige gewesen.

Der Thronfolger war fasziniert von politischen Ideen, die zu solchen Reformplänen passten und ein neues Zeitalter versprachen. Das Buch »Die vereinigten Staaten von Groß-Österreich« des rumänischen Politikers und Juristen Aurel Popovici, der aus dem multikulturellen Banat stammte, gehörte zu diesem Ideenkreis. Darin finden sich, unter anderem, verschiedenste Gedanken über die Umgestaltung des Vielvölkerreiches, so beispielsweise die Überlegung, man könnte Österreich-Ungarn ohne Rücksicht auf die historischen Grenzen in 16 autonome Nationalstaaten aufteilen. Ein ungelöstes Problem dabei blieben freilich die vielen kleinen Volksgruppen, die überall in der Monarchie verteilt in kleinen Sprachenklaven lebten.

Der Grundgedanke Franz Ferdinands war in jedem Fall die Stärkung der Zentralgewalt und die Beseitigung der ungarischen Vorherrschaft. Daraus machte er kein Geheimnis, und das trug ihm prompt den Ruf eines Ungarnhassers ein. Man erinnerte sich noch an jene Zeit, die er als 26-Jähriger in Ödenburg verbringen musste.

Ja, musste! Am 26. April 1890 hatte ihn der Kaiser zum Oberst im Husarenregiment Nr. 9 »Graf Nádasdy« ernannt. Laut Befehl hatte er dort seinen Dienst sofort anzutreten. Franz Ferdinand ahnte, dass es in Ödenburg nicht leicht werden würde für ihn, und versuchte, diese Transferierung rückgängig zu machen, doch es half alles nichts.

Das größte Problem war die Sprache, das hatte der Erzherzog bereits geahnt. Ungarisch ist nun einmal schwierig zu lernen, und in einer Garnison ist es besonders wichtig, dass man versteht, was gesprochen wird. Da es dort fast nur ungarische Offiziere gab, beantworteten diese auch die an sie auf Deutsch gerichteten Fragen grundsätzlich auf Ungarisch. Im Offizierskasino existierte die deutsche Sprache gar nicht. Das war Franz Ferdinand einfach zu viel. Er löste das Problem auf seine Weise. Kommandosprache in der k. u. k. Armee war Deutsch. Also auch in Ödenburg. Und damit basta! Selbst jedes außer Dienst gesprochene ungarische Wort sollte mit Arrest bestraft werden.

Als Antwort wehte dem Erzherzog – wenig verwunderlich – ein scharfer Wind ins Gesicht. Nicht nur innerhalb der Garnison wurde sein Auftreten massiv kritisiert, auch die ungarische Presse reagierte entsprechend. Das veranlasste Graf Ferdinand Degenfeld, seinen wohlmeinenden Lehrer und Mentor aus früheren Tagen, zu warnenden Briefen. Ihre Botschaft verhallte aber offenbar ungehört. So bleibt nur festzustellen, dass Franz Ferdinand sich seinen Ruf als Ungarnhasser selbst zuzuschreiben hatte.

Die aus jener Zeit stammenden taktischen Fehler warfen also ihren Schatten in die Zukunft. So nahm sein Verhältnis zu den Magyaren und zur ungarischen Frage in seinem Denken eine Schlüsselstellung ein.

In einem – nicht abgesandten – Brief an Kaiser Franz Joseph schrieb er 1909: »Ich – Ungarnhasser – Falsch – ich hasse die antidynastischen und hochverräterischen Elemente, aber ich liebe das Land wie jedes andere. Aber weil ich als Thronfolger meine Pflicht kenne und für das Land sorgen muss, ist es meine Pflicht, das Land und meine Dynastie vor Unglücken zu bewahren.«

Die anti-magyarische Einstellung des Erzherzogs war, aus seiner Sicht, also in erster Linie gegen die Adels-Oligarchie und die damals sehr aktive Unabhängigkeitspartei gerichtet. Diese hatte zum Ziel, die Sonderstellung Ungarns im Verband der Donaumonarchie beständig zu erweitern, bis zur vollständigen Selbstständigkeit. Nach außen aber haftete Franz Ferdinand immer der Nimbus des Ungarnhassers an. Ganz seiner Art entsprechend gab er sich auch nicht wirklich Mühe, diesen Eindruck zu verändern.

Die ungarische Krise

Um seine Vorstellungen und die Verwirklichung seiner Ideen entsprechend vorzubereiten, musste Franz Ferdinand also darangehen, eine eigene Hausmacht aufzubauen. Zug um Zug gelang es ihm, dem Kaiser Zugeständnisse abzuringen. Langsam, aber sicher wurde so der österreichisch-ungarische Dualismus durch den familiären im Hause Habsburg ergänzt. Die »ungarische Krise« trug dann im Jahr 1903 das Ihre dazu bei, dass sich die Auffassungsunterschiede zwischen Neffen und kaiserlichem Onkel vergrößerten. Denn in diesem Jahr sollte das seit 1889 unverändert gebliebene Rekrutenkontingent für die k. u. k. Armee sowie für die Kriegsmarine aufgestockt werden. Während der österreichische Reichsrat seine Zustimmung gab, forderten die Ungarn als »Preis« für neue Truppenkontingente Ungarisch als Kommandosprache sowie ungarische Fahnen und eine ungarische Offiziersausbildung.

Franz Ferdinand sah damit zu Recht die Einheit der Armee bedroht. Wenn das Beispiel Schule macht! Ein entsprechendes Ersuchen

Kaisermanöver um Veszprém, 16. September 1908

an den Kaiser, diesbezüglich auf keinen Fall Konzessionen zu machen, fiel bei diesem überraschenderweise zunächst auf fruchtbaren Boden. Der Heeresbefehl Kaiser Franz Josephs vom 16. September 1903 lautete daher in seinem Schlusssatz: »Gemeinsam und einheitlich, wie es ist, soll Mein Heer bleiben, die starke Macht zur Verteidigung der Österreichisch-Ungarischen Monarchie gegen jeden Feind.«

Franz Ferdinand sollte sich darüber nicht allzu lange freuen. Bereits vier Tage später relativierte Kaiser Franz Joseph diesen Satz in einem Handschreiben an den ungarischen Ministerpräsidenten und 1904, ein Jahr später, waren die magyarischen Forderungen weitgehend erfüllt. Der Erzherzog war natürlich enttäuscht. Spätestens jetzt war für ihn klar, dass er endlich selbst die Weichen für Änderungen stellen musste.

1906 wurde der Wendepunkt in seiner politischen Laufbahn, ein Meilenstein in seinem Leben. Der Grund dafür war einmal mehr eine ungarische Episode. In Ungarn war, hauptsächlich mit Männern aus der Unabhängigkeitspartei, im April 1906 ein neues Ministerium berufen worden. Es sollten die Rekruten für 1905 und 1906 bewilligt, die Zustimmung für das Heeresbudget erteilt werden, Zoll- und Handelsbündnisse mit anderen Staaten sollten anerkannt werden. Kernpunkt der Vereinbarungen aber sollte die Einführung eines allgemeinen, gleichen und geheimen Wahlrechtes sein. Ein so gewähltes Parlament sollte innerhalb von zwei Jahren zusammentreten und eine von dessen Vertrauen getragene Regierung ihre Arbeit aufnehmen. Auch von »Maßnahmen zur Wahrung der verfassungsmäßigen Rechte der Nation« war die Rede. Diese Worte bedeuteten aber nichts anderes als »Verfassungsgarantien«, die später in die Geschichte Österreich-Ungarns eingehen sollten.

Gewählt wurde bereits im darauf folgenden Mai, allerdings noch nach dem alten Wahlrecht. Die von der Gentry (einflussreiche Oberschicht, bestehend aus ungarischen Kleinadeligen) gewünschten Wahlergebnisse brachten drei Koalitionsparteien 375 von 413 Mandaten. Auf diese gewaltige Übermacht gestützt brauchte sich die Regierung an die Aprilvereinbarungen nicht mehr zu halten. Franz Ferdinand hatte diese Entwicklung mit wachsender Besorgnis verfolgt und sich umso mehr geärgert, als der Kaiser in seiner Thronrede vor dem neuen Parlament prompt die »Verfassungsgarantien« erwähnte. Der Frust in ihm, als ohnmächtig Zusehendem, muss ein bedrohliches Ausmaß erreicht haben.

Ziemlich geladen reiste der Erzherzog also zu den Kaisermanövern, die Anfang September im Raum Teschen (heute in Polen) stattfanden. Er hatte ihre Oberleitung inne. Leider verliefen sie absolut chaotisch. Schon beim Beziehen der Nachtquartiere gab es ein großes Durcheinander. Dann fiel ausgerechnet Generalstabchef Graf Friedrich Beck-Rzikowsky während der Übungen von seinem Pferd in einen Bach und gab somit nicht nur strategisch, sondern auch körperlich ein jämmerliches Bild ab. Wäre dies nicht bei einer so wichtigen militärischen Übung passiert, hätte man über das Missgeschick herzlich lachen können. Dem 76-jährigen Beck aber war das Lachen längst vergangen, denn seine Unfähigkeit zeigte sich bei diesem Kaisermanöver in ihrer ganzen verhängnisvollen Tragweite.

Franz Ferdinand reiste nach dieser Demonstration nicht zu übersehender Mängel weiter, um die kombinierten Land- und Flottenmanöver in Dalmatien zu überwachen. Die Manöverannahme lautete: Die Feinde versuchen, ihre Truppen bei Ragusa, dem heutigen Dubrovnik, an Land zu bringen und die österreichisch-ungarischen Flottenverbände verhindern diesen Vorstoß mit allen zu Gebote stehenden Mitteln. Nachdem der Erzherzog sowie der Generalstab in Gravosa (italienische Bezeichnung für Gruz, den nordwestlichen Stadtteil Dubrovniks) angekommen waren, brach der schwelende Konflikt zwischen Beck und seinem obersten Kriegsherrn voll aus.

Oben: Kaiser Franz Joseph I. und Erzherzog Franz Ferdinand bei einer Parade

Unten: Der Erzherzog als General der Kavallerie hoch zu Ross

Das neue Team

Ein kolportiertes Abendgespräch, wonach Franz Ferdinand meinte, Manöverbeginn um sieben Uhr früh wäre zeitig genug, Beck aber auf fünf Uhr bestand (»Entweder man macht ein Manöver feldmäßig oder nicht«) endete damit, dass ihm Franz Ferdinand zeigte, wer der Herr im Haus war: »Beim nächsten Mal werde ich dafür sorgen, dass das Manöver wirklich feldmäßig wird. Da wird's keine Hofküche mehr geben.«

Das war natürlich die Faust auf das Beck'sche Auge, denn das Essen war Beck besonders wichtig, speziell der Nachtisch hatte es ihm angetan. Also hob Franz Ferdinand die Tafel auf, bevor das Dessert serviert wurde, und die Herren an seinem Tisch hatten sich anzuschließen. Worauf sich Beck noch schnell ein Stück Kuchen von einem Tablett angelte und seinem Chef mampfend folgte. Ein weiterer vielsagender Beweis, was dem Generalstabchef wichtig war …

Um fünf Uhr am Morgen gab es auf dem Manöverfeld nichts zu sehen, ebenfalls nicht um sechs Uhr (eine letzte Gemeinheit Becks gegenüber dem Erzherzog?). Die Manöverkritik des Erzherzogs fiel entsprechend aus. Auch während des Tages gab es einige Katastrophen, die schweren Mängel waren nicht zu übersehen. Beck schwieg dazu – das war auch besser so. Es war nach diesen Ereignissen nicht allzu schwierig, den Kaiser dazu zu bewegen, Beck zu entlassen und an seiner Stelle Conrad von Hötzendorf als Generalstabschef einzusetzen.

Der nächste Streich Franz Ferdinands betraf den Austausch des Reichskriegsministers. Feldzeugmeister Heinrich Ritter von Pitreich wurde durch Freiherrn Franz Schönaich ersetzt. Damit hatte der Erzherzog die militärisch wichtigsten Positionen neu besetzt. Durch eine günstige Fügung ernannte Kaiser Franz Joseph am 3. Juni 1906 den Juristen Baron Dr. Max Wladimir Beck zum Ministerpräsidenten, jenen Beck, den Franz Ferdinand im Herbst 1882 als seinen Staatslehre-Dozenten kennengelernt hatte. Beck bezeichnete sich selbst dem Kaiser gegenüber als »altes Inventarstück Franz Ferdinands« und es war ihm klar, dass er es als »Diener zweier Herren« nicht leicht haben würde.

Als Nächstes gelang es dem Erzherzog, Graf Agenor Gołuchowski loszuwerden. Dessen zurückhaltende, manchmal auch ungeschickte Art der Verhandlung führte dazu, dass Franz Ferdinand seinen Rücktritt bewirken konnte. Statt ihm zog der tatkräftige und energische Graf Aloys Lexa von Aehrental als Außenminister am Ballhausplatz ein. Zufrieden schreibt der Erzherzog am 26. Oktober 1906 an Beck: »Gott sei Dank, dass Golu und vor allem der entsetzliche Pitreich weg sind. Mit einem Trifolium: Beck, Aehrental, Schönaich lässt sich famos arbeiten.« Der Vollständigkeit halber hätte er noch Freiherr Conrad von Hötzendorf erwähnen sollen, der eindeutig ebenfalls zu Franz Ferdinands schlagkräftiger Truppe gehörte.

Als Krönung der folgenschweren Änderungen kann man die Wahl des neuen Mannes direkt an der Seite des Erzherzogs bezeichnen. Bei diesem Job ging es um mehr als nur die »Assistenz der Geschäftsleitung« im heutigen Sinne. Vielmehr war in dieser Funktion eine Art »Vizepräsident mit Prokura« zu sehen. Am 16. Jänner 1906 war Alexander Brosch von Aarenau, Hauptmann im Generalstab, ein tüchtiger Offizier mit bestem Ruf, durch Allerhöchstes Handschreiben zum Flügeladjutanten ernannt worden. Sehr schnell wurde er zum »Alter Ego« seines Chefs, ohne ihn ging gar nichts. Mit seiner unschlagbaren Kombination von militärischen Kenntnissen und politischem Fingerspitzengefühl war er die perfekte Besetzung für diesen so wichtigen Vertrauensposten.

Das Schattenkabinett

In den folgenden Jahren baute Brosch die Militärkanzlei des Thronfolgers zu einem Machtinstrument aus, das er bestens zu leiten verstand. Um sich seinem Chef, dem Erzherzog, voll und ganz widmen zu können, blieb er bis zu seinem Abschied aus der Militärkanzlei Junggeselle und konnte so praktisch Tag und Nacht zur Verfügung stehen. Durch kaiserliches Edikt vom 19. November 1908 erhielt die Militärkanzlei auch endlich ihren offiziellen Status.

Das Belvedere war somit langsam zu einem ebenbürtigen Machtzentrum geworden. Durch geschicktes Networking hatte Brosch überall Leute sitzen, die ihm berichteten und sofort meldeten, wenn es etwas Wichtiges gab. Modernes Management, könnte man sagen! Schon bald war von einer »Nebenregierung« die Rede. Der Ausdruck »Schönbrunn-Belvedere« wurde zu einem oft gebrauchten Begriff. Wobei die Kommunikation zwischen den doch recht verschieden denkenden Machthabern, Kaiser und Thronfolger, mit der Zeit durch eine eigens entwickelte Vorgehensweise vereinfacht wurde: Sogenannte Denkschriften wurden zwischen Schönbrunn und Belvedere hin- und hergeschickt. Das ersparte Diskussionen, die ohnedies wenig brachten.

Die Lösung der Probleme der folgenden Jahre, sowohl innen- als auch außenpolitisch, wäre somit von der organisatorischen Seite her perfekt vorbereitet gewesen. Ein möglicher Weg, sein vorrangiges Ziel, also Stärkung der Zentralgewalt und Beseitigung der ungarischen Vorherrschaft, zu erreichen, war die bewusste Verzögerung der ungarischen Krönung. Denn wenn er einmal den Eid auf die gültige ungarische Verfassung abgelegt hatte und gekrönter König von Ungarn war, waren ihm die Hände gebunden, dort in seinem Sinne reformatorische Schritte zu setzen.

Franz Ferdinands Plan bestand darin, Schritt für Schritt seinen Weg zu gehen. Als Kaiser Franz II. hätte er die Verzögerung der magyarischen Krönung, solange es eben möglich war, betrieben. Das hätte bedeutet, dass er die halbjährige Frist, die in der ungarischen Verfassung für den Krönungseid vorgesehen war, verlängert hätte. Danach hätte er die Einführung des allgemeinen Wahlrechts in Ungarn durchgesetzt, womit die dortigen Großgrundbesitzer ihre Vormachtstellung verloren hätten. Das Zerbrechen der magyarischen Vorherrschaft hätte eine Stärkung der nichtungarischen Nationalitäten bewirkt, vor allem der Kroaten, Slowenen und Rumänen.

Abgesehen davon hätte der Erzherzog die längst fällige korrekte rechtliche Stellung seiner Ehefrau geregelt, sie hätte den Titel »Kaisers- und Königsgemahlin« erhalten. Als legitimen Nachfolger wollte er seinen Neffen Karl zum Thronfolger bestimmen. Last, but not least hätte Deutsch endgültig als allgemeine Amtssprache anerkannt werden müssen, auch in der ungarischen Reichshälfte. Denn von seinem zentralistischen Standpunkt aus gesehen war das Deutsche ein wichtiges bindendes Element im Vielvölkerstaat. Außerdem ein pragmatischer Wunsch, schließlich gab es zur damaligen Zeit immerhin 16 verschiedene Sprachen in der Monarchie. Der Name der Monarchie hätte infolge dieser Reformen »Österreichisch-Ungarisches Reich« gelautet.

An erster Stelle der außenpolitischen Maßnahmen hätte die grundlegende Verbesserung der Beziehungen zu Russland gestanden. Und auch in Bezug auf Deutschland sollte sich etwas ändern. Zwar gab es bekanntermaßen gute freundschaftliche Beziehungen zu Wilhelm II., aber trotzdem: die in Deutschland bestehende Vorherrschaft Preußens, dessen eher aggressive Außenpolitik und der starke Konnex mit Österreich-Ungarn – das waren Zutaten, aus denen ernste Probleme mit anderen Staaten entstehen konnten. Die beste Lösung war in den Augen des Erzherzogs ein Dreikaiserbündnis zwischen Österreich, Deutschland und Russland.

Schweres Erbe

Die vielen verschiedenen Nationalitäten mit ihren Wünschen und dazu seine eigenen Vorstellungen unter einen Hut zu bringen, war eine komplizierte Aufgabe – ein schweres Erbe erwartete Franz Ferdinand, wenn er einmal den Thron besteigen sollte. Schauen Sie sich bitte in diesem Zusammenhang die Karten an, die wir in unserem »politischen Raum« im Schloss Artstetten zeigen. Der Umfang der Monarchie und der damalige Verlauf der Reichsgrenzen offenbaren eine beeindruckende Größe, die heute nur schwer vorstellbar ist, nicht nur in ihrer Dimension, sondern auch als riesiger Schmelztiegel verschiedenster Nationen.

Wilhelm II. am Bahnhof von Beneschau, Herzogin Sophie die Hand küssend; Erzherzog Franz Ferdinand zu Ehren des hohen Gastes in preußischer Ulanenuniform (Juni 1914)

Gegenüber den Deutsch sprechenden Österreichern war Franz Ferdinand durchaus positiv eingestellt. Die Italiener konnte er nicht riechen, gegen diesen südlichen Bündnispartner gab es von seiner Seite eine tief verwurzelte, heftige Abneigung. Italien war in seinen Augen der Erbfeind der Donaumonarchie. Unter anderem empfand er, als gläubiger Katholik, die von Italien beseitigte Souveränität des Papstes und die damals ungelöste Rechtsstellung des Kirchenstaates als Zumutung. All diese Faktoren waren wesentliche Gründe für die starke Förderung und Unterstützung der k. u. k. Kriegsmarine seitens des Erzherzogs.

Dafür schätzte er die Rumänen umso mehr. Auch den Kroaten brachte er großes Wohlwollen entgegen (Treue zur Dynastie, rö-

Erzherzog Franz Ferdinand mit König Carol v Rumänien; links hinten: Oberst Alexander Brosch von Aarenau, bis 1911 Vorstand der Militärkanzlei

misch-katholischer Glauben!), ebenso Slowenen und Slowaken. In den Polen sah er politische Erpresser, dementsprechend war auch seine Haltung ihnen gegenüber. Den Herrscher Bulgariens lehnte er ab, und in dieser Abneigung war er nicht alleine: Wilhelm II. mochte ihn ebenfalls nicht.

Etwas differenzierter war sein Verhältnis zu den in der Monarchie lebenden Slawen. Seine Zeit in Budweis hatte er in guter Erinnerung, die Soldaten waren gescheit und verlässlich. Nicht zuletzt stammte seine Ehefrau aus böhmischem Uradel und die meiste Freizeit verbrachte er auf seinen Schlössern in Konopischt und Chlumetz. Mit vielen dort ansässigen Adeligen war er gut befreundet und die Jagdveranstaltungen des böhmischen Hochadels besuchte er sehr gerne. Dennoch, entgegen allen Gerüchten: Seine Frau, die im Gesandtschaftspalais in Stuttgart zur Welt gekommen war und keine 50 tschechischen Worte sprechen konnte, beeinflusste ihn ganz sicher nicht in Richtung Pro-Tschechien.

Den radikalen Nationalismus der Jung-Tschechen lehnte er kategorisch ab. Er empfahl dem damaligen Ministerpräsidenten Ernest Ritter von Koerber im März 1901, diesen keinesfalls nachzugeben: »Wenn man jetzt nachgibt und mit den Cechen paktiert und ihnen nationale Zugeständnisse macht, so ist Alles verloren und wir züchten uns künstlich einen Trialismus, der das ohnehin so gelockerte Gefüge der Monarchie ganz ruiniert!« Das zeigt deutlich, dass mein Urgroßvater nicht das Tschechentum an sich, sondern nur jene Versuche ablehnte, die dazu führen sollten, als dritte Staatsnation anerkannt zu werden. Er sah in den Tschechen echte Gegner seiner zentralistischen Pläne für die Armee, die Außenpolitik und die Zollgebiete.

Für Frankreich schließlich hatte Franz Ferdinand nicht viel übrig, umso mehr dafür aber für England – er hielt Großbritannien für einen wichtigen Faktor in der Weltpolitik.

Auf der Todesliste

Und nun die brennende Frage im Fokus all dieser politischen Betrachtungen: Was genau war das Problem mit den Serben? Welche »Erbschuld« lastete da auf Franz Ferdinand? Welche Einstellung zu diesem Volk war so fatal, dass mein Urgroßvater und seine Frau sterben mussten? Die Antwort ist ebenso einfach wie erschütternd. Der Thronfolger erkannte sehr bald, nachdem er begonnen hatte, sich mit den politischen Fragen des Vielvölkerstaates auseinanderzusetzen, dass das südslawische Problem die wahre Schicksalsfrage der Monarchie war. Um also die politischen Verhältnisse auf dem Balkan zu beruhigen und die wirtschaftlichen Möglichkeiten zu optimieren, hatte er vorübergehend die trialistische Idee, die Slawen den Deutschen und Magyaren gleichberechtigt an die Seite zu stellen. Dies, obwohl Franz Ferdinand kein deklarierter Serbenfreund war. Er sah, ganz im Gegenteil, im Panslawismus, also der kulturellen, religiösen und politischen Einheit aller slawischen Völker Europas, eine große Gefahr für die Donaumonarchie. Dennoch war es für ihn eminent wichtig, zu verhindern, dass es mit Serbien zu einem bewaffneten Konflikt kam, insbesondere mit Rücksicht auf Russland. Und das, obwohl Serbien tatkräftig die slawischen Unabhängigkeitsbestrebungen, die ja definitiv gegen das Haus Habsburg gerichtet waren, unterstützte.

Eine kriegerische Auseinandersetzung mit Serbien konnte in den Augen des Erzherzogs nicht viel bringen, auch ein niedergeworfenes Serbien würde keinen echten Frieden bedeuten. Dennoch war der Erzherzog in den Augen der Serben ein Kriegshetzer, sie hielten ihn für einen unerbittlichen Feind. Beides stimmte nicht! Was aber sehr wohl zutraf, war, dass Franz Ferdinand mit seinen Plänen dem Traum vom großen, unabhängigen südslawischen Staat, und somit dem Nationalinteresse Serbiens, im Wege stand. Deshalb stand Franz Ferdinand auf der Todesliste jener großen Gruppe, die vom serbischen Nationalstaat träumte. Und deshalb mussten meine Urgroßeltern sterben.

Frieden durch Angst

Der bekannte österreichische Journalist und Buchautor Hugo Portisch hat 1970 ein beeindruckendes Buch geschrieben: »Friede durch Angst«. Darin schildert er die Atom-Arsenale der Supermächte und zieht aus seinen Beobachtungen den Schluss, dass es sich die Supermächte gar nicht mehr leisten können, sich mithilfe von Atomwaffen gegenseitig zu vernichten. Denn am Schluss bliebe nichts und niemand mehr übrig. Ganz ähnlich hat es bereits mein Urgroßvater vor über 100 Jahren gesehen. Je besser ein Land aufgerüstet ist, desto geringer die Chance, dass es einen feindlichen Angriff von außen gibt. Kein Wunder also, dass der Thronfolger ein großer Förderer der Modernisierung der k. u. k. Armee war. Dies entsprach einerseits seiner Aufgeschlossenheit gegenüber technischen Neuerungen jeglicher Art, gleichzeitig aber auch und vor allem seiner Abscheu vor bewaffneten Konflikten. Diese versuchte er nach Kräften und mit allen ihm zur Verfügung stehenden Mitteln zu verhindern. Seit seiner Weltreise 1892/93 wusste Franz Ferdinand mit Sicherheit, dass man eine entsprechend groß dimensionierte Kriegs- und Handelsflotte braucht, um international mitmischen zu können.

Wann immer sein Onkel, Kaiser Franz Joseph, mit dem »Säbelrasseln« begann – während der Annexionskrise 1908/1909 zum Beispiel oder auch während der Balkankriege 1912/1913 –, Franz Ferdinand war um die friedliche Beilegung der Konflikte bemüht. Stets war er derjenige, der zur Besonnenheit aufrief. So gesehen wurde beim Attentat in Sarajevo nicht der Anführer einer großen Kriegspartei ermordet, sondern in Wahrheit derjenige beseitigt, der einem Krieg im Wege stand ...

Die Erhaltung des Friedens wurde zu einem der wichtigsten Prinzipien meines Urgroßvaters. Dazu gehörten auch, im Sinne des Gedankens »Friede durch Angst«, Verbesserungen und Modernisierungen der Kriegsflotte. Weil die Donaumonarchie keine Kolonien hatte und sich die Politik in erster Linie auf den Kontinent beschränkte, war die Marine in einem für den Thronfolger absolut unbefriedigenden Zustand. International gesehen war dies ein gravierender Schwachpunkt. Franz Ferdinand setzte also alles daran, die Marine populär zu machen, und zog auch selbst immer wieder gerne die Marineuniform an. So wurde von ihm die Sollstärke der Marine mit

16 Schlachtschiffen, 12 Kreuzern, 24 Torpedobootzerstörern, 72 Torpedobooten, 12 Unterseebooten und einer großen Anzahl von Flusskampfschiffen angegeben.

Bei diesen Zahlen schwirrt einem der Kopf, viel mehr aber noch beim Gedanken an die Kosten! Deshalb wurden die erforderlichen Beträge auch nicht in vollem Umfang vom Reichsrat bewilligt. Trotzdem konnte der Thronfolger seine Pläne zum Ausbau der Marine verwirklichen. Er finanzierte die neue Flotte zusätzlich mit Krediten, und binnen kurzer Zeit konnten die neuen Kreuzer in See stechen. Eine absolute Novität waren dabei zwei sogenannte »Dreadnoughts«, in Österreich »Tegetthoffklasse« genannt. Eines dieser beiden Schiffe erhielt den Namen »Viribus Unitis«, den Wahlspruch Kaiser Franz Josephs. Sie lief 1911 in Triest vom Stapel und war das erste Drillingsturmschiff der Welt.

Ein Foto mit Seltenheitswert: ein lächelnder Erzherzog Franz Ferdinand (als Admiral, 1913)

Ob mein Urgroßvater die Monarchie tatsächlich gerettet hätte, wenn er länger am Leben geblieben wäre, wird man nie erfahren. Viele Historiker haben sich darüber bereits den Kopf zerbrochen. Dass aber die Geschichte einen ganz anderen Verlauf genommen hätte, wenn das Attentat von Sarajevo nicht stattgefunden hätte, davon können wir ausgehen. Ein Mann, der den Krieg verabscheut und immer das Erhalten des Friedens als oberstes Prinzip der Macht sah, hätte in Europa viel Gutes bewirken können. Das Rad der Zeit lässt sich nicht zurückdrehen. Was mir aber, mit meinen bescheidenen Möglichkeiten, zu tun bleibt, ist, gemeinsam mit den Besuchern unseres Schlosses ein wenig innezuhalten und den Weg des Thronfolgers noch einmal mitzugehen. Damit kann meinem Urgroßvater ein lebendiges Andenken bewahrt werden. Denn nur, wer vergessen ist, ist tatsächlich gestorben.

Ausfahrt im Daimler, 1901

Schlossherr, Visionär und Sammler

Das große Interesse an der Natur, am technischen Fortschritt und an sinnvollen Veränderungen begleitete Franz Ferdinand sein ganzes Leben. Während er beruflich die Modernisierung und laufende Verbesserung der Einrichtungen der k. u. k. Truppen förderte, war er privat ein begeisterter Renovierer und Modernisierer, der fantasti-

Schloss Konopischt, eine Autostunde südlich von Prag

Die estensische Waffensammlung in Schloss Konopischt

sche Gärten anlegte. Paradebeispiel ist Schloss Konopischt in Böhmen, das er unter der Leitung des böhmischen Architekten Josef Mocker großzügig umbauen und modernisieren ließ. Dazu gehörten nicht nur neue Treppen und Verbindungsgänge; sogar Aufzüge wurden eingebaut (damals eine echte Novität!) und elektrisches Licht installiert. Es gab Badezimmer, die heutigen gar nicht so unähnlich sind.

Zum Thema »Sammeln« möchte ich hier feststellen, dass mein Urgroßvater kein Kunstsammler im heute üblichen Sinne war. Es war ihm ein großes Anliegen, alte Dinge zu bewahren und sie nicht sinnlos irgendwo verstauben zu lassen, sondern als Einrichtungsgegenstände zu verwenden. Besonders angetan hatten es ihm alte bäuerliche Gegenstände wie Spinnräder und Butterfässer, aber auch Truhen und Bauernkästen, selbst Kachelöfen standen auf seiner Sammel-Liste. St.-Georgs-Darstellungen mochte er besonders gerne. Insgesamt 3750 Stück besaß er davon, auf Bildern, Plastiken, Geschirr und Waffen. Dafür ließ er auf Konopischt einen eigenen Schauraum einrichten.

Als Kunst- und Denkmalschützer war der Erzherzog ebenfalls bekannt. 1910 übernahm er daher auch das Protektorat über die »Zentralkommission zur Erforschung und Erhaltung historischer Baudenkmäler«. Er war der Auffassung, dass nicht alle Gebäude der Monarchie gleich aussehen, sondern vielmehr dem jeweiligen Landschaftsstil angepasst werden sollten. Ein moderner und wegweisender Gedanke, der sich in heutigen Bauordnungen wiederfindet.

Die Gartengestaltung auf Konopischt sprengte das Maß alles Bisherigen. Im Auftrag des Erzherzogs wurden punktgenau Bäume und Büsche gepflanzt, nichts wurde dem Zufall überlassen. Konnte Franz Ferdinand nicht selbst vor Ort sein, ließ er sich telegrafisch jeden Tag über die Fortschritte des Wachstums und das Wetter vor Ort berichten. Mit seinem Nachbarn betrieb er einen vergnügten Tauschhandel von seltenen und zum Teil exotischen Gewächsen. Die größte Sensation in Konopischt war der berühmte Rosengarten, in dem es Tausende von Rosenarten gab. Das muss ein Duften und Blühen gewesen sein und eine berauschende Farbenpracht! Der deutsche Kaiser Wilhelm II., der Franz Ferdinand und seiner Gattin im Juni 1914 seine Aufwartung machte, war hingerissen. Um bei der Ankunft des Gastes aus Deutschland auch wirklich alles in voller Blüte zu sehen, griff der Thronfolger unter anderem zu einfachen, aber wirkungsvollen Hilfsmitteln wie dem Begießen der Pflanzen mit warmem Wasser.

Der sogenannte »Krickel-Salon« in Schloss Konopischt

Damit nicht nur ein kleiner, auserwählter Kreis, sondern möglichst viele Menschen die Pracht bestaunen konnten, veranstaltete Franz Ferdinand auch einen Tag der offenen Tür. Knappe zwei Wochen vor dem Attentat von Sarajevo besuchten Hunderte Schaulustige den Park und bewunderten die Pracht.

Auch sein zweites böhmisches Schloss, Chlumetz, wurde nach modernen Gesichtspunkten aufgestockt, um- und ausgebaut. Die zu den Schlössern gehörenden Wirtschaftsgebäude wurden renoviert oder in einem damals aktuellen romantisch-modernen Stil neu errichtet. Der Erzherzog ließ kahle Flächen wieder bepflanzen und Lichtungen aufforsten, neue Forststraßen wurden gebaut und verschieden große Fischteiche angelegt. Franz Ferdinand verstand es, Visionen zu verwirklichen und den Dingen jene Optik und auch jene Annehmlichkeiten zu verleihen, die genau seinen Vorstellungen entsprachen.

Artstetten war mit nur einigen 100 Hektar die kleinste seiner Besitzungen. Doch dieses Schloss mit seiner wunderschönen Lage und

dem herrlichen Blick zur Donau wählte er als zukünftigen Witwensitz für seine Frau. Auch dieses Gebäude wurde nach seinen Vorstellungen modernisiert und umgebaut. Sein Vater Carl Ludwig hatte bereits die alten Turmzwiebeln des Schlosses, die mit rot gestrichenen, großen Schindeln gedeckt waren, durch moderne, schiefergedeckte Kegeldächer ersetzt.

Die Türme sind ein Wahrzeichen von Schloss Artstetten.

Gegenüberliegende Seite: Umbau auf der Südseite von Schloss Artstetten, wo sich heute die Panorama-Terrasse des Schlosscafés befindet

Das älteste Badezimmer in Schloss Artstetten, das Sie hier besichtigen können, stammt ebenfalls bereits aus der Zeit der Renovierungen durch Erzherzog Carl Ludwig. Es wurde um 1869 eingebaut und würde mit seinen hübschen blau-weißen Fliesen sowie den zur Sicherheit angebrachten verchromten Haltegriffen wohl auch heute noch in ein komfortables Ferienhaus auf dem Land passen. Bis etwa zur Mitte des 20. Jahrhunderts war, wenn es überhaupt entsprechende sanitäre Einrichtungen gab, eine frei stehende Badewanne üblich. Ein Einbaumodell, noch dazu in dieser Größenordnung, war eine echte Rarität. In der in den Boden eingelassenen großen Badewanne, die schon fast einem kleinen Schwimmbecken gleicht, lernte noch einer meiner Söhne das Schwimmen.

Da feststand, dass eine Beisetzung in der Kapuzinergruft in Wien nicht infrage kommen würde, wollte der Erzherzog eine gemeinsame Ruhestätte für sich und seine Frau. Dafür ließ er 1909 eine Gruft in Artstetten errichten, nicht ahnend, dass er schon sehr bald hier seine letzte Ruhestätte finden würde.

Am Ende Ihres Besuches in Artstetten empfehle ich einen kurzen Abstecher in die Pfarrkirche. Besonders bemerkenswert sind dort die spätbarocken Kreuzwegstationen, die Paul Troger zugeschrieben werden. Die gotische Kirche stand ursprünglich vom Schloss ge-

27./V.

Franz Ferdinand ließ 1913 die ursprünglichen sieben Zwiebeltürme wiedererrichten, die Artstetten bis heute kennzeichnen.

trennt. Zwischen 1691 und 1698 wurde das Schiff neu gebaut und erweitert, der Chor über dem gotischen Baukern wurde barockisiert, der Kirchenraum an der Westseite verlängert und mit dem Schloss verbunden. Das Gotteshaus ist großzügig angelegt, hell und freundlich. Es ist nicht überladen, nur dezent mit barocken Bildern, Nebenaltären, der Kanzel und einem Hochaltar geschmückt, der aus der Katharinenkirche in Kitzbühel stammt. Die heutige Pfarrkirche war ursprünglich die Schlosskapelle und ist nicht nur durch den Haupteingang, sondern auch direkt vom Schloss aus zu betreten. Die bestehende Inneneinrichtung wurde von Erzherzog Franz Ferdinand zusammengetragen. Das weiße Marmorportal zum Beispiel, das sich um den Nordeingang herum befindet, wurde 1911 eingesetzt. Es stammt aus einer Kirchenruine aus Istrien, aus der Mitte des 17. Jahrhunderts. Die Statue im Portal stellt den heiligen Franz von Sales dar, Schutzpatron der Oblaten des heiligen Franz von Sales.

Unter der Kirche befindet sich die Gruft des Thronfolgers und seiner Frau, die letzte Ruhestätte meiner Urgroßeltern. Die ganz eigene Atmosphäre im Gewölbe mit den beiden weißen Sarkophagen ist für jeden, der die Geschichte aufmerksam mitverfolgt hat, immer noch spürbar. Eine große Liebesgeschichte hat dort ihr Ende, ein ganz besonderes Liebespaar seine ewige Ruhe gefunden.

Das letzte Kapitel

Wenn wir nun unseren Rundgang im Museum beenden, schließt sich der Kreis. Wir lassen die Erinnerungen an Erzherzog Franz Ferdinand ausklingen – mit einem letzten Blick auf die Schicksalsstunden in Sarajevo. Hier, im letzten Raum unseres Museums, finden Sie auf dem großen Situationsplan und auf zahlreichen Schwarz-Weiß-Bildern eindrucksvoll und authentisch wiedergegeben, was sich damals, an jenem schicksalhaften 28. Juni 1914, abgespielt haben muss.

Der große, in Gelb gehaltene Plan »Sarajevo 28. Juni 1914« zeigt den Situationsplan der Fahrten »des Erzherzog-Thronfolgers und der Standorte der Verschwörer«. Appelkai, Lateinerbrücke, Franz Joseph-Straße, der Fluss Miljacka und der Konak. Sehr gut lässt sich anhand der eingezeichneten Fahrtrouten – der geplanten und der tatsächlich genommenen – erkennen, durch welch unglaublichen Zufall hier das Schicksal seinen tragischen Lauf genommen hat.

Der Attentäter Gavrilo Princip wurde sofort nach Abgabe der tödlichen Schüsse verhaftet. Unmittelbar davor war auch der Bombenwerfer Nedeljko Čabrinović festgenommen worden. Er gab zu, Anhänger einer radikal-anarchistischen Weltanschauung zu sein. Das bestehende System sollte durch Terrorismus vernichtet werden. Der Erzherzog wurde für ihn zum Ziel, weil dieser, laut Zeitungsberichten, ein Feind der Slawen im Allgemeinen, der Serben aber im Besonderen gewesen sei. Sowohl er selbst als auch Gavrilo Princip versuchten zunächst, sich als Einzeltäter darzustellen. Sehr bald war aber klar, dass es Komplizen und Verschwörer gab, die ebenfalls verhaftet wurden. Die Organisation »Schwarze Hand«,

Die Attentäter Princip (1) und Čabrinović (2) auf dem Weg zur Gerichtsverhandlung in Sarajevo (12. bis 23. Oktober 1914)

die hinter der Verschwörung gesteckt haben dürfte, wurde zwar von keinem der Inhaftierten erwähnt – dennoch scheint es für die österreichisch-ungarische Geheimpolizei keinen Zweifel daran gegeben zu haben, dass der fanatische Oberst Dragutin Dimitrijevic bei den dramatischen Ereignissen des 28. Juni 1914 federführend war.

Im Oktober 1914 fand der Prozess statt, die Attentäter Čabrinović und Princip wurden zu je 20 Jahren Gefängnis verurteilt, da sie noch minderjährig waren. Čabrinović starb bereits am 21. Jänner 1916 im Gefängnis, Hunger, Kälte und Tuberkulose waren die Todesursachen. Gavrilo Princip starb im April 1918 in der Militärstrafanstalt Theresienstadt, ebenfalls an Tuberkulose. Von den insgesamt 13 zu Kerkerstrafen verurteilten Verschwörern überlebten nur fünf das Kriegsende.

Das Schicksal der Kinder

Was muss es für ein Kind bedeuten, wenn ein Elternteil plötzlich nicht mehr da ist? Um wie viel schlimmer muss es sein, wenn Vater und Mutter gleichzeitig sterben? Und welche Katastrophe im Leben eines jungen Menschen muss es sein, wenn die Eltern keines natürlichen Todes sterben durften, sondern einem Mord zum Opfer fallen mussten? Eine der vielen schrecklichen Folgen des Attentats von Sarajevo ist wohl die persönliche Komponente: dass Kinder, die bis zum verhängnisvollen Tag des Anschlages ein glückliches Familienleben hatten, plötzlich allein dastanden; dass drei Geschwister, die die Geborgenheit einer unbeschwerten Kindheit erleben durften, in der es zwischen Eltern und Kindern ein inniges, von Liebe geprägtes Band gegeben hatte, mit einem Schlag zu Vollwaisen wurden.

Max Hohenberg und seine Enkelin Anita, 1960

Von einem Tag auf den anderen war alles aus. Der Schock muss tief gesessen sein, bei den beiden jüngeren Brüdern genauso wie bei der damals 13-jährigen Sophie. Max war elf, Ernst zehn Jahre alt. Neben dem Verlust der Eltern mussten die Kinder auch die völlige Umstellung ihres Lebens verkraften. Großonkel Kaiser Franz Joseph empfing, der Überlieferung nach, die Kinder nach dem Attentat nur ein einziges Mal. Sie kamen in die Obhut einer Tante mütterlicherseits, Gräfin Henriette Chotek.

Als Vormund wurde ihr Onkel, Fürst Jaroslaw von Thun und Hohenstein, bestellt. Seinem Engagement ist es zu verdanken, dass der Nachlass Erzherzog Franz Ferdinands so geregelt werden konnte, dass die Versorgung der Kinder sichergestellt war. Auch ihre Ausbildung war ihm ein Anliegen. Nach einigen Jahren Privatunterricht legten die Brüder ihre schulischen Abschlussprüfungen in Wien am Schottengymnasium ab. In den Augen des Vormundes war dies bei Sophie allerdings nicht notwendig, denn es brauchte, wie damals üblich, eine zukünftige Ehefrau und Mutter nicht unbedingt eine abgeschlossene Gymnasialbildung mit Matura. Die Kinder lebten noch einige Jahre in Konopischt, dem Hauptwohnsitz der Familie, zeitweise auch in Chlumetz und waren so zumindest in der ihnen vertrauten Umgebung.

Max Hohenberg und seine spätere Frau Elisabeth Gräfin Waldburg-Wolfegg im Sommer 1926

Nach dem Ende des Ersten Weltkrieges war es nicht leicht für die drei Vollwaisen. Zwar hatte der älteste Sohn Erzherzog Franz Ferdinands, Maximilian, den Hauptteil der Besitzungen seines Vaters geerbt. Ab 1919 wurde jedoch Großgrundbesitz in der Tschechoslowakei enteignet. Konopischt und Chlumetz fielen darunter, Max und Ernst wurden daher von ihren Besitzungen vertrieben. Als Kinder des »gewesenen Thronfolgers« wurden sie durch einen Anhang der Habsburgergesetze, die »Lex Hohenberg«, von der neuen Tschechoslowakischen Republik entschädigungslos enteignet und mussten das Land verlassen. Eine himmelschreiende Ungerechtigkeit, die von den Anwälten der Brüder in allen Instanzen und auch auf internationaler Ebene bekämpft wurde.

Es half jedoch nichts. Die offizielle Begründung und Propaganda der ČSR lautete, man wolle die Nachkommen des Erzherzogs für die angebliche Kriegshetze ihres Vaters bestrafen. Der Erste Weltkrieg sei von Franz Ferdinand und dem deutschen Kaiser Wilhelm II. in Konopischt beschlossen worden. Die Lex Hohenberg traf also ausgerechnet jene Personen, die durch den Renuntiationseid ihres Vaters im Jahr 1900 keine Mitglieder des Erzhauses waren!

Sophie heiratete jung. Bereits am 8. September 1920 wurde die Ehe mit Graf Friedrich Nostitz-Rieneck geschlossen. Mit ihm, der in den Sudeten sesshaft war, lebte sie längere Zeit in der Tschechoslowakei. Für Herzog Max von Hohenberg wurden Artstetten und Wien zu ständigen Wohnsitzen, er studierte Rechtswissenschaften an der Wiener und Grazer Universität. Fürst Ernst studierte Forstwirtschaft in Bruck an der Mur und lebte im steirischen Radmer.

Die Brüder waren deklarierte Gegner des nationalsozialistischen »Anschlusses« und kamen 1938 mit dem sogenannten Prominententransport, der ersten Gruppe österreichischer Häftlinge, in das Konzentrationslager Dachau. Artstetten wurde enteignet. Zunächst wurde am 21. Juli 1938 das Verfügungsrecht auf Zustimmung der Gestapo beschränkt, schließlich am 12. August 1941 das Eigentumsrecht an die Reichsfinanzverwaltung des Deutschen Reiches übertragen. Nach dem Ende des NS-Regimes erfolgte die Rückgabe des Schlosses aufgrund eines Bescheides der Finanzlandesdirektion vom 24. Februar 1949.

Max war seit 1926 mit der deutschen Gräfin Elisabeth Waldburg-Wolfegg verheiratet, die ihren Mann mit mutigem und unerschrockenem Einsatz nach einem Gespräch mit Hermann Göring bereits im Herbst 1938 aus dem KZ frei bekommen konnte. Der seit 1936 verheiratete Ernst hatte nicht so viel Glück, er wurde erst 1943 entlassen. In den Augen Görings waren die Brüder Hohenberg zwar Verbrecher, nicht aber ihre Familien. Die Ehefrauen und Kinder bekamen daher eine Rente zugesprochen, mit der sie sich finanziell über Wasser halten konnten.

Die körperlichen und psychischen Strapazen gingen vor allem an Ernst, der in Dachau, Flossenbürg und Oranienburg mehr als fünf Jahre leiden musste, nicht spurlos vorüber. Er war nach seiner Entlassung gesundheitlich schwer angeschlagen und auch Max litt an den Folgen der Inhaftierung. Er lebte bis zum Kriegsende in Artstetten als Mieter im eigenen Haus, von der Gestapo streng bewacht. Noch am 8. Mai 1945 konnte er, rechtzeitig gewarnt, in letzter Sekunde einer Erschießung durch die abziehenden Truppen der SS entkommen. Bereits eine Woche später wurde er provisorischer Bürgermeister der Marktgemeinde Artstetten und blieb nach seiner Wahl fünf Jahre im Amt.

Ernst zog wieder in die Steiermark, betätigte sich politisch und reiste mit dem damaligen Bundeskanzler Figl, der den Aufbau der lokalen Verwaltung überwachte, durch die sowjetische Zone. Max begann in dieser Zeit wieder, seine Kontakte zu Otto von Habsburg zu festigen. Die Schwester der beiden, Gräfin Sophie von Nostitz-Rieneck, verlor 1945 ihr gesamtes Eigentum und wurde mit ihrer Familie vertrieben. In Österreich fand sie eine neue Heimat. Sie lebte zunächst in Eisenerz in der Obersteiermark, ab 1963 in Salzburg. Sie starb am 27. Oktober 1990 und wurde in der Freiherrlich Gudenus'schen Gruft auf dem Weizer Friedhof in der Steiermark an der Seite ihres 1973 verstorbenen Mannes beigesetzt.

Ernst verstarb bereits 1954, sein früher Tod ist sicher auch im Zusammenhang mit den unmenschlichen Bedingungen der jahrelangen Internierung im KZ zu sehen. Im Jänner 1962 starb auch sein Bruder Max, mein Großvater, und Artstetten bekam in dessen Sohn Franz Ferdinand Hohenberg am 24. Oktober 1962 einen neuen Besitzer. Nach dessen Tod am 16. August 1977 erbte seine Witwe Elisabeth, Prinzessin von Luxemburg, den Besitz.

Erzherzogin Marie Therese (3. v. l.) bei der Heirat ihres Stiefenkels Ernst mit Marie-Therese Wood (1. u. 2. v. l.), ganz rechts Max Hohenberg (15. Mai 1936).

Bereits seit dem 8. März 1983 bin nun ich als Besitzerin für die Erhaltung des Schlosses, des Parks und der umliegenden Ländereien zuständig. Ich habe dieses Erbe mit dem Bewusstsein einer großen Verantwortung übernommen. Nicht nur meinen vier Kindern und künftigen Enkelkindern gegenüber, sondern auch im Sinne eines würdigen Andenkens an einen großen Mann und seine Familie, deren Schicksal untrennbar mit Schloss Artstetten verbunden ist.

Der Schlosspark – grüne Oase mit Aussicht

Ein Spaziergang durch unseren Schlosspark bietet mehr als nur ein paar schöne Einblicke in das »Freizeitvergnügen von damals«. Denn der Schlosspark von Artstetten hat nicht umsonst den Ruf, eine der wichtigsten historistischen Parkanlagen Österreichs zu sein. Seine bewegte Geschichte und seine kreative Gestaltung weisen europäische Dimensionen auf: Ausgehend von Kaiser Franz I. bis zu Erzherzog Carl Ludwig und zum Thronfolger, Erzherzog Franz Ferdinand von Österreich-Este, ist die Anlage mit wichtigen Persönlichkeiten und bekannten Orten in Europa verbunden, so zum Beispiel bedeutenden Anlagen der Monarchie wie Schloss Konopischt in Tschechien oder Schloss Miramar in Triest.

Erstmals urkundlich erwähnt wird Schloss Artstetten 1268. Aus der Frühzeit des Gartens ist nichts Näheres bekannt, erst mit Übernahme der Anlage durch den »Blumen«-Kaiser Franz I. im Jahr 1824 beginnen die Dokumentationen. Kaiser Franz und seine Frau Carolina Augusta sind übrigens bis heute hier durch die nach geomantischen Richtlinien angelegte Kastanien-Allee mit den bei-

den Springbrunnen präsent. Unter Erzherzog Carl Ludwig wurde zwischen 1861 und 1866 ein Gartenplan zur landschaftlichen Umgestaltung erstellt, der im Kern bis heute erhalten ist. Die großräumige Gliederung, die den Park größer erscheinen lässt, als er tatsächlich ist, mit den verschiedenen Aussichtsebenen, die immer wieder optische Überraschungen bieten, und der Errichtung von abwechslungsreichen Wegen geht nachweislich auf ihn zurück.

Als begeisterter Schwimmer ließ Carl Ludwig auf einer Anhöhe des Parks, in der Nähe des Schlosses, sogar ein Schwimmbecken, das praktischerweise auch als Löschteich diente, sowie den sogenannten Badepavillon errichten. Er erinnert an jene sommerlichen Lusthäus-

chen, wie sie früher oft die Gartenanlagen herrschaftlicher Wohnsitze zierten. Er ist jedoch in bewusst schlichtem Stil gehalten. Die kleine Wendeltreppe verleitet Schwindelfreie zu einem kurzen Aufstieg auf die kleine obere Terrasse, die rund um das Haus führt und einen weiten Blick ins Land erlaubt. Besonders schön ist der Ausblick von dort in Richtung Donau, aber auch die Perspektive hin zum »Schwimmbecken«, in dessen Wasser sich die alten Baumwipfel spiegeln, hat ihren eigenen Reiz.

Erzherzog Franz Ferdinand hat 1889 die Anlage übernommen und entsprechend seiner Freude an Revitalisierung und Neugestaltung als Sommer- und Wochenendsitz ausgebaut. Der Gartenarchi-

tekt Josef Molnar gestaltete nach Entwürfen Franz Ferdinands einen formalen Gartenteil westlich des Schlosses im Sinne eines »modernen architektonischen Gartens« und ergänzte den Park mit den bis heute erhaltenen Gehölzpflanzungen. Interessant ist der stilistische Unterschied zwischen den teils landschaftlichen Partien, die Carl Ludwig seinerzeit herstellen ließ, und jenen, die Molnar im Auftrag des Erzherzogs um 1900 anlegte. Die axiale »Schmuckbeetanlage« mit den Wasserspeiern (Spuckmännern), der frühere terrassenförmige Rosengarten, verdient dabei besondere Beachtung. Bis zum Tod Franz Ferdinands im Sommer 1914 entstanden unter der Anleitung des Erzherzogs die repräsentative Vorfahrt und eine Automobilstraße, die Garagen, verschiedene weitere Zubauten und die Gartenerweiterung im Nordosten. Der im nordöstlichen Teil des Parks befindliche große freie Platz diente früher als Reitplatz und wurde auch für Tennisspiele genutzt.

Ein Spaziergang durch den Schlosspark ist ein Erlebnis, das man sich nicht entgehen lassen sollte. Vor dem geistigen Auge sieht man elegante Herren in Uniform und mit Spazierstock lustwandeln, an ihrem Arm hübsch gekleidete Damen in langen Röcken und mit Sonnenschirm, um den hellen Teint vor der Sonne zu schützen. Uralte Bäume, lauschige Ecken und geheimnisvolle Pfade, die scheinbar im Nichts enden, geben ein beredtes Zeugnis von der abwechslungsreichen Vergangenheit.

Unsere geführten Spaziergänge durch den Park – und durch vergangene Zeiten! – werden zwischen April und Oktober monatlich zu fixen Terminen angeboten. Gruppen ab 15 Personen können gegen Voranmeldung auch außerhalb der angegebenen Termine durch die Anlage geführt werden. Näheres entnehmen Sie bitte unserem aktuellen Folder oder unserer Homepage www.schloss-artstetten.at.

Zum Nachlesen

Auf der Basis von Originalfotos, Dokumenten aus dem Archiv von Schloss Artstetten und vieler Details der Familiengeschichte erzählt die Urenkelin des Thronfolgers aus ihrer persönlichen Sicht über den »verhinderten Herrscher«. Auf einen detaillierten, wissenschaftlichen Anmerkungsapparat hat sie dabei bewusst verzichtet. Hier geht es nicht um historische Forschungsergebnisse, sondern um die spannende und zugleich berührende Erzählung eines bemerkenswerten Lebenslaufes.

Interessierte finden an dieser Stelle Quellenhinweise zu Zitaten in diesem Buch, die aus Werken stammen, in denen noch viele weitere Details aus dem Leben des Erzherzogs Franz Ferdinand nachzulesen sind. Neben den angeführten Bänden können unter anderem folgende Bücher zu den Schicksalen der Mitglieder des Erzhauses sowie der Familie Habsburg empfohlen werden:

Wladimir Aichelburg: Erzherzog Franz Ferdinand von Österreich-Este und Artstetten. Verlagsbüro Mag. Johann Lehner Ges.m.b.H., Wien 2000

Helmut Andics: Der Untergang der Donaumonarchie. Österreich-Ungarn von der Jahrhundertwende bis zum November 1918. Wilhelm Goldmann Verlag, AUSTRIACA: Neue österreichische Geschichte in 4 Bänden, Band 2, München 1980

Anonymus: Kaiser Franz Joseph und sein Hof. Erinnerungen und Schilderungen aus den nachgelassenen Papieren eines persönlichen Ratgebers. Herausgeber: Dr. Josef Schneider. Lizenzausgabe für die Buchgemeinschaft Donauland, Kremayr & Scheriau, Wien, © by Paul Zsolnay Wien/Hamburg 1984

Sigrid Maria Größing: Wir hätten in einem Rosengarten sitzen können. Liebe und Leid im Hause Habsburg. Amalthea Verlag/F. A. Herbig Verlagsbuchhandlung GmbH, Wien 1998

Dieter Kindermann: Die Habsburger ohne Reich. Geschichte einer Familie seit 1918. K & S (Kremayr & Scheriau KG), Wien 2010

Lucian Meysels: Die verhinderte Dynastie. Erzherzog Franz Ferdinand und das Haus Hohenberg. Molden Verlag GmbH, Wien 2000

Zitate im Einzelnen

S. 14, »Der Zustand der Truppen ...«
Friedrich Weissensteiner: Franz Ferdinand – Der verhinderte Herrscher. Piper Verlag, München 2. Auflage, 1999, S. 21

S. 45, »Liebe Mama! Ich bitte ...«
Gerd Holler: Franz Ferdinand von Österreich-Este. Ueberreuter Verlag, Wien 1982, S. 28

S. 47, »Ich bin so froh ...«
Ebenda, S. 29

S. 52, »Lieber Franzi! Ich halte es für meine Pflicht ...«
Friedrich Weissensteiner: Franz Ferdinand – Der verhinderte Herrscher. Piper Verlag, München 2. Auflage, 1999, S. 72/73

S. 57, »Als der Zug in ...«
Max Polatschek: Franz Ferdinand – Europas verlorene Hoffnung. Amalthea Verlag, Wien 1989, S. 26

S. 74, »Ein hochgewachsener, magerer ...«
Friedrich Weissensteiner: Franz Ferdinand – Der verhinderte Herrscher. Piper Verlag, München 2. Auflage, 1999, S. 97

S. 74, »Lieber Franz! Dein Brief ...«
Gerd Holler: Franz Ferdinand von Österreich-Este. Ueberreuter Verlag, Wien 1982, S. 69

S. 75, »Der Erzherzog lag ...«
Friedrich Weissensteiner: Franz Ferdinand – Der verhinderte Herrscher. Piper Verlag, München 2. Auflage, 1999, S. 99

S. 80, »Nur 2 Zeilen ...«
Gerd Holler: Franz Ferdinand von Österreich-Este. Ueberreuter Verlag, Wien 1982, S. 77

S. 85/86, »Lieber Franzi, durch Deine Mutter ...«
Friedrich Weissensteiner: Franz Ferdinand – Der verhinderte Herrscher. Piper Verlag, München 2. Auflage, 1999, S. 107

S. 105, oben: »Meine Braut ...«
Gerd Holler: Franz Ferdinand von Österreich-Este. Ueberreuter Verlag, Wien 1982, S. 95

S. 107, oben: »Ich kann abermals nur erwähnen ...«
Friedrich Weissensteiner: Franz Ferdinand – Der verhinderte Herrscher. Piper Verlag, München 2. Auflage, 1999, S. 130

S. 111, Mitte: »Seine kaiserliche ...«
Friedrich Weissensteiner: Franz Ferdinand – Der verhinderte Herrscher. Piper Verlag, München 2. Auflage, 1999, S. 138

S. 113, »Die sehr intelligente Fürstin Hohenberg ...«
Gerd Holler: Franz Ferdinand von Österreich-Este. Ueberreuter Verlag, Wien 1982, S. 105

S. 114, Mitte: »Pinki (gemeint ist die Erstgeborene, Sophie) ist zum Fressen herzig ...«
Friedrich Weissensteiner: Franz Ferdinand – Der verhinderte Herrscher. Piper Verlag, München 2. Auflage, 1999, S. 147/148

Anita Hohenberg

Die Urenkelin des Thronfolgers Erzherzog Franz Ferdinand von Österreich-Este wurde am 18. 8. 1958 in Schloss Berg im Großherzogtum Luxemburg geboren; in diesem Land, das bis 1964 ihre Großmutter, Großherzogin Charlotte von Luxemburg, regierte, verbrachte sie ihre Jugendjahre.

Durch den frühen Tod ihres Vaters hat sie bereits als junge Frau die Herrschaft Artstetten übernommen und verwaltet seit 1983 das Schloss und die dazugehörenden Ländereien. Die Begeisterung für dieses Erbe ist mit den Jahren ständig gewachsen, trotz der Last der Verantwortung. Den Enthusiasmus für die Familiengeschichte hat sie – bei aller Tragik – nie verloren. Ihre beiden Großmütter, Elisabeth Hohenberg und Charlotte Luxemburg, waren und sind ihr ein großes Vorbild, vor allem in der Kunst, selbst aus schwierigen Zeiten Kraft schöpfen zu können.

Anita Hohenberg hat das große Bedürfnis, auch der nächsten Generation, ihren vier erwachsenen Kindern, die Freude an diesem niederösterreichischen Kleinod weiterzugeben. Es ist weltweit einzigartig und nicht nur »Gedenkstätte«. Denn bei allem Respekt vor der Familiengeschichte: Das Heute und Jetzt ist wichtig! Dazu gehört auch die Vermittlung der zukunftsträchtigen Vision, in einem sich seit 30 Jahren so positiv entwickelnden Niederösterreich auch künftig gerne leben zu wollen.

Die Instandhaltung der historischen Anlagen und die Pflege des Schlossparks sind ihr ein besonderes Anliegen. Die Finanzierung der aufwendigen Erhaltung ist großteils durch Einnahmen aus Eintrittsgeldern in das Schloss sowie Verkaufserlöse aus dem Museumsshop möglich.

Es war Anita Hohenbergs klarer Wunsch, ein kleines, verständliches, der heutigen Zeit entsprechendes Werk über ihren Urgroßvater Christiane Scholler anzuvertrauen. Dieses Buch, das sich besonders als Begleiter beim Rundgang durch die schicksalsträchtigen Räumlichkeiten empfiehlt, erhebt nicht den Anspruch einer wissenschaftlichen Abhandlung, derer es bereits sehr viele gibt. Es sollte vielmehr – zusammengestellt auf der idealen, individuellen Basis einer Reihe persönlicher Gespräche – ein für die Besucher »ent-dramatisierter« Einblick in die tragische Geschichte der Vorfahren Anita Hohenbergs erarbeitet werden. Und so konnte eine neue Perspektive entstehen: die etwas andere Sicht auf die Ereignisse rund um Sarajevo, vor allem aber auf das facettenreiche Leben des Thronfolgers Erzherzog Franz Ferdinand von Österreich-Este.

Dr. Christiane Scholler

Die Journalistin und Autorin hat die Liebe zur österreichischen Geschichte während des Studiums der Rechtswissenschaften entdeckt. Ein erster Schritt in Richtung »Publikationen zur Geschichte« war die Mitarbeit beim bereits 1996 erschienenen Band »Schönbrunn – Wege rund ums Kaiserschloss«.

Als Sachbuchautorin setzt sie seit langer Zeit den Schwerpunkt auf »Prominente, anders betrachtet«. Aus ihrer Feder stammen Bücher von und mit Uschi Glas, Elmar Wepper, Hansi Hinterseer, Fritz Muliar, Gunther Frank und TV-Koch Franz Zodl. In diesem Zusammenhang war der Auftrag, die Liebe zur Geschichte mit der Begeisterung für die möglichst authentische und gleichzeitig spannende Darstellung einer bekannten historischen Persönlichkeit zu verbinden, eine besondere Herausforderung.

Das vorliegende Buch ist das Ergebnis des Versuchs, auf Basis langer Gespräche und persönlicher Erinnerungen der Urenkelin Erzherzog Franz Ferdinands von Österreich-Este den Thronfolger plastisch werden zu lassen. Aufgrund zahlreicher Dokumente und historischer Details wird das Bild des »verhinderten Herrschers« wieder lebendig.

Es entsteht ein Bild der Person des Thronfolgers in allen persönlichen Facetten, mit seinen Schwächen und Stärken. Vor allem aber mit dem unerschütterlichen Glauben an das Schicksal, das ihn nach schwerer Erkrankung wieder gesunden ließ, das ihm schließlich – nach Überwindung größter Schwierigkeiten – das höchste Glück mit der Frau seines Lebens ermöglichte, das ihm einige Jahre lang die Freude an drei entzückenden Kindern vergönnte und aus ihm einen begeisterten Familienmenschen machte. Jenes Schicksal aber auch, das ihn und seine Frau am 28. Juni 1914 in Sarajevo auf so tragische Weise das Leben kostete.

Kaiser Franz II (I
1768 - 1835
Prinzessin Maria Ther
beider Sizilien
1772 - 1807

Marie Louise
1791 - 1847
Napoleon Bonaparte
1769 - 1821

KAISER FERDINAND I
1793 - 1875
Prinzessin Maria Anna von
Sardinien-Piemont
1803 - 1884

Kaiser Franz Josef I
1830 - 1916
Prinzessin Elisabeth in Bayern *Sissi*
1837 - 1898

Ferdinand Max
Kaiser Maximilian v. Mexiko
1832 - 1867
Prinzessin Charlotte von Belgien
1840 - 1927

Kronprinz Rudolf
1858 - 1889
Prinzessin Stephanie von Belgien
1864 - 1945

Erzherzog Franz Ferdi
von Österreich-Es
1863 - 1914
Gräfin Sophie Chot
1868 - 1914

Fürstin Sophie v. Hohenberg
1901 - 1990
Graf Friedrich Nostitz-Rieneck
1891 - 1973

zahlreiche Nachkommen

Herzog Dr. Maximilian v. Hohenberg
1902 - 1962
Gräfin Elisabeth Waldburg-Wolfegg
1904 - 1993

Fürst Ing. Ernst v. Hohe
1904 - 1954
Marie-Therese Wo
1910 - 1985

zahlreiche Nachkom

Herzog Franz v. Hohenberg
1927 - 1977
Prinzessin Elisabeth v. Luxemburg
1922 - 2011

Herzog Dr. Georg v. Hohenberg
1929
Prinzessin Eleonore v. Auersperg-Breunner
1928

Fürst Albrecht v. Hohe
1931
Gräfin Leontine v. Cassis-Faraone
1933

zahlreich

Fürstin Anita von Hohenberg
1958

Gaëtan de la Poëze d'Harambure 1980
Alix de la Poëze d'Harambure 1981
Gabriel de la Poëze d'Harambure 1987
Raoul de la Poëze d'Harambure 1989

Fürstin Sophie v. Hohenberg
1960
Jean-Louis de Potesta
1951

3 Kinder